월급쟁이
가계부로
재테크하라

월급쟁이 가계부로 재테크하라

정병욱(로댕) 지음

매일경제신문사

나의 재테크 단계는?

나는 최근 1개월 동안의
수익과 비용이 얼마인지 대략 알고 있다.

NO → **재생아**

↓ **YES**

나는 최근 3개월 동안의
수익과 비용이 얼마인지 정확히 알고 있다.

→ **재린이**

↓

나는 최근 3개월 동안의
수익, 비용, 자산, 부채가 얼마인지
정확히 알고 있다.

→ **초보
재테커**

↓

나는 재무 상태를 명확히 파악하고 있고
확실한 목표가 있으며 목표 달성을 위한
저축과 투자 계획이 있다.

→ **준비된
재테커**

↓

성공하는 재테커

| 재생아 |

재테크 신생아로, 재테크에 전혀 관심이 없는 단계다. 매월 얼마를 벌고 얼마를 쓰는지 모르고 있으므로 가장 먼저 매월 발생하는 수익과 비용 금액을 파악해야 한다. 이 책을 꼭 읽어보길 바란다.

| 재린이 |

재테크 어린이로, 재테크의 필요성은 알고 있지만 실천하지 않는 단계다. 매월 얼마를 벌고 얼마를 쓰는지 대략적으로는 알고 있으나 정확히는 모르고 있다. 매월 수익과 비용이 어떻게 발생하는지 추세를 파악해야 한다. 이 책을 꼭 읽어보길 바란다.

| 초보 재테커 |

재테크에 관심을 가지고 실천하기 시작하는 단계다. 매월 얼마를 벌고 얼마를 쓰는지 수익과 비용에 대해서는 정확히 알고 있지만 아직 재테크한 돈이 많지 않아 자산과 부채를 파악할 필요성을 못 느끼고 있다. 재무 상태를 명확히 파악해 본격적으로 재테크를 할 준비를 해야 한다. 이 책을 꼭 읽어보길 바란다.

| 준비된 재테커 |

재테크를 성실히 실천하고 재무 상태를 명확히 파악하고 있는 단계다. 본격적으로 재테크를 할 준비가 돼있으므로 확실한 목표와 계획 수립을 통해 성공하는 재테커가 될 수 있다. 이 책을 읽어보길 추천한다.

| 성공하는 재테커 |

재무 상태를 명확히 파악하고 있고 목표도 확실한 단계다. 또한 목표를 이루기 위한 체계적인 저축과 투자 계획을 가지고 있다. 성공하는 재테커 단계라면 남들보다 빠르게 부자가 될 가능성이 높다.

현재 2030을 중심으로 유행하는 '무지출 챌린지', '거지방' 같은 것들을 보면 월급쟁이들이 얼마나 힘든 상황인지 알 수 있다. 보통 팍팍한 월급을 조금이라도 아끼기 위해 가계부를 쓴다. 하지만 지출 뒤 소비 내역만 적는 가계부는 '텅장(텅 빈 통장)'의 현실과 마주하게 할 뿐이다. 이 책에서 저자는 "가계부는 쓰는 것이 아니라 보는 것이다."라고 말한다. 수익과 비용만 다뤘던 기존 가계부와 다르게 자산과 부채까지 다루는 가계부이기에 본인 재무 상태의 현주소를 파악하기 용이하다. 이 책과 함께라면 가계부를 통해 수도권에서 내 집 마련에 성공한 저자의 이야기가 당신의 이야기가 될 수 있다.

크로(《나는 MZ 부동산 재테커이다》 저자)

재테크를 시작하며 몇 번이나 가계부를 쓰다가 포기했는지 모르겠다. 필요성을 알았던 터라 책을 보며 열심히 따라 했지만 내 성향과 너무 맞지 않았다. 가계부 하면 다들 '절약'에만 집중하고 있었고, 애초에 과소비를 하지 않던 나와는 결이 맞지 않았던 것이다. 그래서 가계부를 쓰기보다 수입 늘리기에 더욱 집중했지만 마음 한편에는 어딘가에서 내 돈이 새고 있을지도 모른다는 두려움을 늘 안고 있었다.

그런데 이 책에서 말하는 '보이는 가계부'는 다르다. 확실히 다르다. 가계부라는 이름을 달고 있지만 '우리 집 재무제표'에 더 가깝다. 현재의 재무 상태를 파악하고 목표를 향해 나아가기 위한 제대로 된 나침반이 될 수 있는 가계부다. 나아가 가계부에 소비 내역을 일일이 기록하는 번거로움을 덜 수 있는 방법까지 알려준다.

이 책에는 기대 이상으로 좋은 내용이 많다. 그중 '만약에 테스트'는 대단한 발상이라고 생각한다. 어떤 내용인지 궁금하다면 이 책을 꼭 읽어보길 바란다.

모네랩 대표(모네타리움, @monetarium_monet)

2022년 7월, 인천 부평구의 5평도 안 되는 원룸, 보증금 500만 원에 월세 38만 원. 이곳에서 나와 아내는 결혼 생활을 시작했고 2023년 11월에 완공되는 25평 수도권 아파트를 생애 처음으로 갖게 됐다. 5평도 안 되는 공간을 신혼집이라기에는 초라해 보일 수 있지만, 그곳에서 함께 모으고 불리다 보니 누군가는 부러워할 만한 신축 아파트 보유가 비로소 현실이 됐다. 나와 아내 모두 부모님께 경제적으로 지원받을 형편이 아니었으므로 모든 것을 우리 둘이 해결해야 했고, 그래서 간절했다.

30대가 되니 여기저기서 결혼한다는 소식이 들려온다. 어디에 집을 구했고 어떻게 살림을 차렸는지도 알게 된다. 솔직히 그 친구들이 부럽지 않았다면 거짓말이다. 누군가에게는 평범해 보이는 삶일지라도 현실이라는 장벽은 그것을 손에 쥐기 참으로 어렵게 만들었다. 도망치는 집값에 비하면 나와 아내의 월급은 제자리걸음이었다. 열심히 벌수록 집값은 더 멀리 도망갔고 월급으로 우리의 상황을 바꾸는 것은 불가능에 가깝다고 느껴졌다.

그래서 가계부가 필요했습니다

이제 재테크는 선택이 아닌 필수가 됐다. 자산 가격의 상승률이 임금 상승률을 앞지르면서 근로소득으로 부를 유지하는 것이 불가능해졌다. 최근에는 높은 물가 상승률로 인해 근로소득의 가치가 떨어지고 있다.

2020년부터 2022년까지 부동산 가격이 크게 상승했다. 2022년 말 기준 소득 대비 부동산 가격을 나타내는 PIR 지표를 살펴보자. 'KB부동산' 데이터를 기준으로 서울의 평균적인 집값은 5분위 중 중간인 3분위 주택 가격으로 대표된다. 이것을 서울 시민의 소득 5분위 중 평균에 해당하는 3분위 소득으로 나누면 PIR을 계산할 수 있다. 한창 부동산 가격이 상승했을 때는 PIR이 17을 넘어갔다. 월급을 한 푼도 쓰지 않고 17년을 모아야 내 집 마련을 할 수 있다는 의미다. 2016년에는 10년 정도였으나 주택 가격이 꾸준히 올라 PIR

값이 크게 올랐다. 그래서 '벼락 거지'라는 말이 나온 건 아닐까? 자산을 가지고 있는 사람과 가지고 있지 않은 사람 사이의 격차가 꾸준히 벌어지고 있다.

결혼을 준비하면서 아내와 함께 열심히 투자 공부를 시작했다. 그런데 중요한 것을 놓치고 있었다. 우리 부부가 얼마를 벌고 쓰는지, 자산과 부채는 얼마나 있는지 전혀 파악하지 못했다. 내가 투자에 얼마만큼의 돈을 투입할 수 있는지조차 모르는 상태에서 공부에만 매달린 것이다.

그래서 가계부가 필요했다. 단순히 금전출납부 같은 가계부가 아니라 수익과 비용, 자산과 부채가 명확하게 표시돼있는 나의 재무상태를 정확하게 보여줄 수 있는 가계부가 필요했다. 그리고 내가 이루고자 하는 목표가 담겨 있고 그 목표에 얼마나 다가갔는지 파악할 수 있는 가계부가 필요했다.

나와 같은 고민이 있다면

가계부를 쓰기 위해 시중에서 구할 수 있는 가계부 책들을 참고하고 가계부 특강도 들었다. 그런데 내가 원하는 가계부의 방향과는 차이가 있었다. 많은 가계부가 수입과 지출을 정리하는 데 초점이 맞춰져 있었고 가계부 강의들은 절약에 관한 내용이 대부분이었다.

내가 원하는 가계부가 아니었기에 직접 가계부를 만들기로 마음 먹었다. 회계 원리의 수익, 비용, 자산, 부채의 개념을 가져와 재무 상태를 명확히 파악하고자 했다. 특히 수익은 로버트 기요사키Robert Toru Kiyosaki의 《부자 아빠 가난한 아빠》에서 다뤘던 내용을 바탕으로 근로소득, 사업소득, 자본소득으로 나누고 비중을 고려해 진정한 경제적 자유를 이룬 사람으로 변화하고 있는지 확인할 수 있게 했다. 또한 변동비를 고정비화해 가계부 작성 횟수를 줄이고 애플리케이션과 엑셀을 활용하는 나의 아이디어를 합쳐 '편하게' 쓸 수 있는 가계부를 만들었다. 그리고 가계부를 '보는' 것에 집중했다. 순이익률, 부채비율 같은 데이터를 만들고 그래프로 나타내 지표들이 어떻게 변화하고 있는지 확인할 수 있게 했다.

나는 이 방법을 토대로 열심히 아끼면서 순이익을 늘리고 부동산과 주식, 암호화폐에 투자해 순자산도 늘리고 있다. 그리고 가계부를 조금씩 수정하고 보완한 지 2년 정도의 시간이 흘렀다. 그 결실은 2023년 11월, 25평 수도권 신축 아파트로 돌아왔다. 지금도 내가 만든 가계부를 활용해 올해의 재무 목표를 이루기 위해 하루하루를 열심히 살고 있다.

이 책은 종이로 된 가계부 양식이 아니다. 그래서 쓰기 위한 가계부가 아니라 보기 위한 가계부를 만들고자 노력했다. 재무 상태를 파악하는 것, 가계부에 목표를 담는 것, 투자와 연결하는 것 모두 '쓰기'에 머물렀을 때는 불가능한 것들이다. 그래서 어떻게 가계부를 '보면' 좋을지에 중점을 뒀다.

나같이 적은 돈으로 신혼을 시작한 보통의 사람이 대다수라고 생각한다. 이제 막 돈을 벌기 시작한 사회초년생, 앞으로 어떻게 살림을 꾸려가야 할지 고민인 신혼부부, 그리고 MZ 세대 모두. 이 외에도 자본주의 사회에서 살아남기 위해 몸부림치는 간절한 사람들에게 내가 만든 가계부가 꼭 도움이 됐으면 한다.

차 례

PART 1
가계부가 필요한 이유

가계부가 필요한 이유

투자가 필수인 시대

20대 초반, 매일같이 지하철 2호선을 타고 서울을 한 바퀴씩 돌았다. 학교는 성북구에, 회사는 구로구에, 집은 중랑구에 있었기 때문에 근무 뒤 수업을 듣고 집으로 돌아오면 2호선을 타고 한 바퀴를 도는 셈이었다. 이동 시간이 많다 보니 끼니를 챙길 시간도 부족해 샌드위치로 점심을 때우고 지하철에서 쪽잠을 잤다. 그렇게 보낸 시간이 4년이나 됐다.

대학을 졸업한 뒤 입대와 이직 등 나의 20대는 정말 바쁘게 지나갔다. 나름대로 열심히 살았다고 생각했지만 30대 초입이 되어 돌아보니 경제적으로 남은 게 별로 없었다. 당시 학교와 직장 생활을 병행해 월급의 대부분이 학비로 빠져나갔다. 빚이 없었다는 점이 그나마 다행이었다. 열심히 공부해서 좋은 회사에 취직해 열심히 일하는 게 성공하는 삶이라고 생각했다. 그래서 누구보다 바쁘고 열심히 살아보려고 노력했지만 사정은 나아지지 않았다.

결혼을 하면서 2명 누우면 꽉 차는 원룸이 나의 쉼터이자 신혼집이 됐다. 그곳은 침대 놓을 공간조차 부족해 접이식 매트를 사용했고 조그만 밥상을 책상처럼 사용했다. 그나마 다행이라면 아내가 주중에는 직장 때문에 지방에 있다는 것이었다.

주변에 결혼하는 사람들의 이야기를 듣다 보면 부러울 때가 많다. 누구는 신혼집으로 어디에 있는 아파트를 장만했다더라, 누구는 30평 전셋집을 얻었다더라 같은 소식들이 30대가 되니 자연스레 들려왔다. 그에 비하면 내가 앉아있는 보증금 500만 원에 38만 원짜리 월세방은 너무도 초라해 보였다.

무엇이 문제였을까? 남들이 부러워하는 대학교를 졸업하고 꿈의 직장이라는 공기업 정규직으로 오랜 시간 일했다. 10년이라는 시간 동안 열심히 살아왔음에도 나의 경제 상태는 왜 나아지지 않고 오히려 퇴보했을까? 나는 대학에서 경제학을 전공하고 금융을 공부했지만 정작 재테크와 투자에는 전혀 관심이 없었다. 그것이 문제였다. 교과서에 적혀 있는 돈은 열심히 공부했으면서 진짜 돈에 대해서는 무관심했던 것이 스스로를 자본주의 사회에서 소외되도록 만들었다.

열심히 공부하는 것, 좋은 직장에 취직하는 것, 최선을 다해 일하는 것 모두 중요하다. 소득이 늘어나는 확실한 방법이라는 점은 변함없기 때문이다. 문제는 열심히 '일만' 하면 제자리걸음이라는 사실이다. 월급을 모으는 저축은 말 그대로 '저축'일 뿐이다. 월급이 정말로 많지 않은 이상 그것은 자산을 모으는 수단일 뿐, 자산을 늘리는 수단이 되기는 어렵다. 현상 유지하는 것으로 만족해야 한다.

"저축이 미덕이다."라는 말은 반은 맞고 반은 틀린 말이다. 저축은 재테크의 시작으로서는 의미가 있다. 다만 저축만 해서는 자본주의 사회에서 살아남을 수 없다. 저축은 기본이고 무언가를 더 해야 한다. 통계청의 소비자물가등락률 데이터를 보면 2023년 9월 말 기준 총지수는 지난해 같은 기간보다 3.7%가 올랐다. 즉, 한 해 동안 돈의 가치가 3.7% 하락한 것이다. 만약 저축 중인 적금 상품의 금리가 3.7%보다 낮다면 실질적으로는 자산의 가치가 하락한 것이다. 저축을 하면서 돈을 잃고 있다.

표1-1 전년 동월 대비 소비자물가등락률

지수 종류	2023년 4월	2023년 5월	2023년 6월	2023년 7월	2023년 8월	2023년 9월
총지수(%)	3.7	3.3	2.7	2.3	3.4	3.7
생활물가지수(%)	3.7	3.2	2.3	1.8	3.9	4.4

출처 : 통계청

따라서 물가 상승률을 감안해 자산의 가치를 증가시키려면 물가 상승률보다 높은 수익을 얻어야 한다. 이것은 저축만 해서는 이루기 어려우므로 투자도 함께해야 한다. 우리는 투자가 필수인 시대에 살고 있다. 잘 벌고 잘 모아 집을 사고 차를 사서 괜찮은 가정을 꾸리 겠다는 생각은 일찌감치 포기하는 것이 좋다. 자본주의 사회에서 생 존하려면 잘 벌고 잘 모으는 저축은 기본이고 투자와 공부도 해야 한다.

포기의 시대

　여러분은 어떤 생각으로 이 책을 읽기 시작했는가. 가볍게 읽는 재테크 책으로 골랐을 수도 있고 마음을 다잡고 이번에는 제대로 한 번 가계부를 써보자는 생각에 골랐을 수도 있다. 어떤 이유든 이 책을 읽고 난 뒤에는 간절한 마음으로 가계부를 꼭 썼으면 한다.

　로댕Auguste Rodin의 〈생각하는 사람〉이라는 조각상을 알고 있을 것이다. 〈생각하는 사람〉은 단독 작품이 아니라 오른쪽 사진의 〈지옥의 문〉 작품의 일부분이다. 〈지옥의 문〉은 이탈리아 시인 단테Dante Alighieri의 《신곡》 중 〈지옥편〉을 주제로 만들어진 작품이며 〈생각하는 사람〉은 이 문의 위쪽에 자리 잡고 있다.

　〈생각하는 사람〉을 보면 지옥문 앞에서 수많은 고뇌에 둘러싸여 있는 것 같은 모습이다. 거대한 지옥문을 열면 어떤 상황이 벌어질지 모른다는 두려움에 쉽게 손대지 못하고 고민하는 것 같다. 마치 자본주의 사회에 살고 있는 우리의 모습 같지 않은가?

일본에서 '사토리 세대'는 1980년에서 1990년대에 태어난 현재 20~30대 중 경제적 성공과 출세, 명예, 결혼 등을 포기한 세대를 말한다. '사토리さとり'는 '사토루さとる'라는 말에서 파생된 단어로, '깨

닫다'라는 뜻이다. 현실에서의 성공이 매우 어렵다는 사실을 깨닫고 모든 것을 포기해버린 것이다.

중국에는 사토리 세대와 비슷한 '탕핑족'이라는 말이 있다. '누울 당躺'에 '평평할 평平' 글자를 써서 중국의 20~30대 중 경제활동을 거부하는 이들을 가리키는 말이다. 중국의 근로 형태는 996이라고 표현할 수 있다. 매일 아침 9시부터 저녁 9시까지 1주일 동안 6일을 일한다는 의미다. 이렇게 열심히 일해도 사회에서 성공하기 어렵다. 그들은 중국의 정치적 특성상 국가에 적극적으로 어려움을 토로하기 어려우니 눕는 행위를 선택했다. 바닥에 누운 채 아무것도 하지 않고 최소한의 돈으로 살아가길 목표로 하는 것으로, 중국 청년들에게는 일종의 사회 불복종 운동인 셈이다.

그만큼 월급만 가지고는 살아남기 힘든 사회가 됐다. 단순히 일본과 중국만의 이야기가 아니다. 우리나라도 마찬가지다. 일본에 사토리 세대가 있고 중국에 탕핑족이 있다면 우리나라에는 'N포 세대'가 있다. 사회적으로 힘든 상황으로 인해 여러 가지를 포기한 세대를 말한다. 포기 속에는 결혼, 출산, 내 집 마련 등이 있다. 마치 우리의 이야기 같지 않은가? 결혼정보회사 '듀오'에 따르면 2023년 신혼부부의 평균 결혼 비용은 5,073만 원이라고 한다. 여기에 집값까지 포함하면 3억 3,050만 원이다(듀오 〈2023 결혼비용 실태 보고서〉).

연애는 그렇다 쳐도 결혼은 도무지 할 엄두가 나지 않는 시대다. 결혼을 해도 끝이 아니다. 아이를 낳으면 아이한테 들어가는 비용도

만만치 않아 출산도 꺼리게 된다. 온 가족이 마음 편히 두 다리 뻗고 잘 수 있는 집을 사는 것은 머나먼 이야기 같다. 서울에 널리고 널린 게 아파트인데, 그중에 내 이름으로 된 아파트는 없다.

매일 아침 출근 시간이면 지하철에 몸을 욱여넣고 직장에 도착하면 일하는 삶이 쳇바퀴처럼 돌아간다. 야근은 또 왜 그리도 많은지 퇴근하고 돌아오면 하루가 사라져버린다. 예전보다 평균적인 퇴근 시간이 빨라졌다고는 하나 여전히 저녁 있는 삶은 쉽지 않다.

그래도 출근할 직장이 있는 사람들은 행복한 사람들이다. 취업이 어렵기 때문이다. 그만큼 대학을 졸업하고 취업을 하기까지 많은 시간과 노력이 필요하다. 그리고 어렵게 취업해 본격적인 사회생활을 시작하면 새로운 무한 경쟁이 시작된다. 인간관계, 승진과 관련된 문제들이 머리를 아프게 한다. 주말에는 공부고 뭐고 그저 쉬고 싶다는 생각이 몰려온다.

무언가를 시도하기에 시간도 부족하고 현실적인 장벽도 높게 느껴져 자꾸 포기하게 된다. 거기에서 느끼는 감정은 '어렵다', '힘들다'보다 '무기력함'이 더 잘 어울릴 것이다. 투자가 필수인 시대가 됐지만 무기력함 앞에 무릎을 꿇고 투자도 포기해버린 건 아닌지 생각해보자. 아니면 돈을 벌 수 있다는 누군가의 말에 혹해 손실을 본 뒤 '투자는 할 게 못 되는구나'라고 선을 긋고 있지는 않은가.

이건 내 이야기기도 하다. 앞서 자본주의 사회에서 스스로를 소외시켰던 시기의 내 모습이 딱 이랬다. 로댕의 〈생각하는 사람〉처럼 자본주의 사회의 문을 열어젖힐 용기가 없어 포기하고 있었다. 문 앞을 서성이며 세상이 미는 곳으로 흘러가듯 살려고 했다. 열심히 일하고 승진해 연봉을 높이는 길만이 경제적 자유를 성취하는 방법이라고 생각했다. 아마 지금 이 책을 읽고 있는 여러분의 이야기일지도 모르겠다.

나는 사람들이 현실에서는 많은 것을 포기하고 있지만 마음 한편에는 희망을 품고 있을 거라고 생각한다. N포의 시기인 만큼 어렵고 힘든 현실이지만 열심히 도전하며 몸부림치는 수많은 사람을 만나봤기 때문이다. 퇴근 뒤 지친 몸을 이끌고 투자 강의를 듣거나 스터디 모임에 가는 사람, 주말에 임장을 가거나 책을 읽는 사람이 많다.

나도 포기하지 않고 살아남기 위해 투자와 재테크 공부를 하고 있다. 그리고 공부한 것들을 어떻게 적용하면 좋을지 항상 고민하고 연구한다. 투자를 공부하는 데 있어 나에게 가계부란 그동안 판에 박힌 삶에서 시도한 첫 번째 도전이었다. 내가 만든 가계부가 여러분이 자본주의 사회에서 살아남기 위한 여정의 시작이 됐으면 한다.

03

투자의 시작은 가계부다

투자를 어떻게 시작해야 할지 막막하다면 가계부부터 써보자. 투자에 앞서 경제적 체력을 파악하는 게 무엇보다 중요하다. '오를 거야', '될 거야'라는 막연한 생각에 시작한 투자가 처음 몇 번 정도는 쏠쏠한 수익이 있을 수 있다. 그런데 초심자의 행운을 모두 써버린 뒤에는 투자가 투기로 변하며 본인을 무섭게 집어삼키기 시작할 것이다. 본인의 경제적 체력이 감당할 수 없는 손실을 본다면 그 손실에서 빠져나오기까지 오랜 시간 고통을 감내해야 한다.

간단한 동전 던지기 게임을 해보자. 동전을 던져 앞면이 나오면 베팅한 금액의 1.5배를 받고 뒷면이 나오면 베팅한 금액의 절반만 받는다. 여러분이라면 이 게임에 얼마를 베팅하겠는가. 10만 원?

100만 원? 아니면 1,000만 원? 사람마다 베팅하는 금액이 천차만별일 것이다.

이 게임을 해보면 투자와 투기를 나눠볼 수 있다. 투자는 돈을 잃게 될 경우를 생각해 감당할 수 있는 수준의 손실만 보도록 투입하는 경우다. 반면 투기는 수익에 정신이 팔려 감당할 수 없는 너무 많은 돈을 투입하는 경우다. 투기를 해서 과도한 베팅으로 큰돈을 잃게 되면 빚이 생기고 생계가 어려워질지도 모른다.

실제 투자도 마찬가지다. 본인이 얼마를 투자할 수 있는지, 어느 정도 손실을 감당할 수 있는지 파악하지 못한 상태에서 하는 투자는 투자가 아니다. 그래서 이런 것들을 파악할 수 있는 강력한 수단이 필요하다. 바로 '가계부'다. 본인의 정확한 재무 상태를 모르면 투기에 빠질 수 있으므로 가계부를 통해 명확히 파악하고 있어야 한다. 지금까지 투자라고 생각했던 것들이 사실은 투기일 수도 있다.

끝이 보이지 않는 고속도로가 있다. 이 도로에서 차들은 시속 100km 이상의 빠른 속도로 달리고 있다. 여러분도 이 도로 위에서 차를 몰고 있다고 상상해보자. 그런데 목적지가 없다. 어디로 가고 있는지 전혀 모른다. 차를 세울 수도 없다. 이 고속도로에는 갓길이 없기 때문이다. 이 상황에서 운전은 '이동'이라는 말보다 '표류'라는 말이 어울릴 것이다.

이 고속도로가 자본주의다. 투자와 재테크를 운전에 비유한다면 가계부는 차의 계기판과 내비게이션이다. 우리는 좋든 싫든 자본주의 사회에 살고 있고 이 사회에 참여하는 모든 사람은 자본주의라는 고속도로를 달리고 있다. 가계부를 봐야 본인이 달리는 속도와 향하는 목적지를 확인할 수 있다.

물론 계기판과 내비게이션이 없어도 달릴 수는 있다. 또한 실제 운전 중에는 차에 이상이 발생하면 갓길에 잠시 세워 상태를 확인할 수 있지만 안타깝게도 우리가 달리는 자본주의 고속도로에는 갓길이 없다. 할 수 있는 거라고는 주변 차들의 흐름에 맞춰 속도를 조절하며 따라가는 것뿐이다.

투기는 과속과 같다. 평생을 달려야 하는 자본주의 고속도로에서 투기라는 과속은 십중팔구 사고로 이어지게 돼있다. 속도는 상대적이다. 그래서 누군가에게는 빠른 속도여도 누군가에게는 빠르지 않을 수 있다. 다른 사람에게는 투자일지 몰라도 그것을 무작정 따라하는 것은 투기가 될 확률이 높다.

그래서 본인의 상황과 목표가 담겨 있는 가계부가 필요하다. 도로 위를 달리는 모든 차의 목적지가 다르듯이 모든 사람의 경제적 목표도 다르다. 목적지가 없다면 운전을 하면서 이동하고 있는 것이 아니라 표류하고 있는 것이다. 다른 사람이 하는 것처럼 하는 것이 아니라 본인이 해야 하는 무언가가 담긴 가계부가 필요하다. 다른 사람이 가지 않는 길이라도 이 길이 옳다고 명확하게 표시해줄 수 있는 가계부가 있어야 한다. 그때 비로소 본인의 목표를 향해 달려갈 수 있다.

왜 가계부를 쓰기 어려울까?

처음 가계부를 쓰기 시작했던 순간이 기억난다. 생각해보면 당시에는 가계부를 쓰는 게 너무 귀찮고 힘들었다. 잊어버리고 쓰지 않는 때도 있었고 내일로 미룬 적도 많았다. 과거의 나를 반성하며 마음을 다잡고 다시 가계부를 쓰다 보면 감당되지 않을 정도로 많은 양이 밀려 있었던 경험도 있다.

'가계부를 써야지.' 여러 차례 다짐했건만 어느새 방치했던 경험이 있지 않은가. 점점 가계부가 나를 괴롭히는 존재가 돼가는 것만 같았다. 가계부 쓰는 게 왜 그리도 힘든 것인지, 내 경험을 토대로 정리해봤다.

• 매일 쓰는 것이 어렵다

가계부 작성 강의를 듣거나 재테크 책을 읽어보면 가계부 쓰는 습관을 강조하는 경우가 대부분이다. 하루에 10분! 아니 하루에 5분이라도 가계부를 써야 한다는 점을 정말 많이 이야기한다. 왜 이렇게 가계부 쓰는 습관을 강조하는 걸까?

나도 가계부를 쓰기 시작했던 초기에는 하루도 빠짐없이 가계부를 썼다. 하지만 하루에 10분 정도만 투자하면 되는 단순한 행동을 매일 반복하기는 생각보다 쉽지 않았다. 그렇게 하루 이틀 미루다 보니 어디에 어떻게 지출이 발생했는지, 이 돈은 도대체 왜 내 통장에 들어와 있는지 파악이 되지 않았다.

가계부를 매일 써야 한다는 것은 반대로 말하면 하루 이틀 그냥 넘어가면 감당하기 힘들다는 의미다. 가계부에 적지 않고 놓치는 내용이 많아지면 그것이 점점 쌓여 나중에는 가계부 쓰기를 포기하게 될 수도 있다. 결국 놓치는 자금 흐름을 없애기 위해서는 매일같이 가계부를 써야 하므로 매일 쓰는 습관을 강조하는 것이다.

그렇다면 가계부에 본인을 적응시키는 것이 아니라 가계부를 본인에게 맞게 바꾸면 어떨까? 매일 쓰지 않아도 되는 가계부를 만드는 것이다. 실제로 나는 가계부를 매일 쓰지 않는다.

• 가계부를 써도 바뀌는 것이 없다

휴대전화를 사용하든 엑셀을 사용하든 아니면 종이로 된 가계부를 사용하든 가계부를 써본 사람은 많을 것으로 생각한다. 사람들이 가계부를 쓰는 이유는 지금보다 조금 더 나은 경제적 상황을 기대하기 때문일 것이다. 쉽게 말해 저축도 늘리고 자산도 늘려 더 좋은 집에 살면서 더 좋은 음식을 먹기 위함이다. 그런데 가계부를 쓰면서 형편이 나아지는 차이를 몸소 체감한 사람이 과연 얼마나 될까? 가계부를 열심히 써도 바뀌는 게 없다고 느껴지면 그때부터 가계부를 멀리하게 된다.

나도 처음 가계부를 쓰기 시작했을 때 다른 사람이 하는 방식을 그대로 따라 했다. 매일 들어온 돈과 나간 돈을 적었다. 그렇게 하루이틀이 지나도 가계부에 기록만 할 뿐, 그 이상도 이하도 아니었다. 시간과 노력을 쏟아부은 결과물은 가계부가 아니라 금전출납부였다.

발상의 전환을 했으면 한다. 가계부에 목표를 담아보면 어떨까? 가계부가 본인을 바꿔주길 기대하는 것이 아니라 가계부에 본인이 어떻게 바뀌었으면 하는지 적는 것이다. 목표를 향해 나아가는 모습을 보면 변화하는 본인의 재무 상태를 체감할 수 있다.

또한 단순하게 얼마를 벌어 얼마를 모으겠다는 목표치만 정하는 것이 아니라 이 목표를 예산으로 바꿔 가계부에 반영해보면 어떨까? 즉, 정해진 예산을 잘 지키면 자연스럽게 목표를 달성할 수 있도록 말이다. 목표와 실제 재무 상태를 비교하다 보면 현실에서는 당장 무언가가 변하지 않지만 가계부에서는 분명 변화가 표시될 것이다.

가계부는 쓰는 것이 아니라
보는 것이다

가계부 작성을 "가계부를 쓴다."라고 많이 표현한다. 그만큼 사람들은 가계부를 쓰기 위해 존재하는 것으로 인식하기 쉽다. '쓴다'라는 행위에 의미를 두고 정말 열심히 가계부를 쓰기만 한다면 가계부가 아니라 금전출납부가 된다. 예쁜 양식에 예쁜 글씨로 한 글자 한 글자 열심히 가계부를 쓴 뒤 보지 않고 덮어버리면 아무 의미가 없다. 차라리 이면지에 휘갈겨 쓴 가계부라도 계속 보면서 고민하는 것이 삶을 바꾸는 데 도움이 된다.

내가 처음 사용했던 가계부 양식이 딱 이랬다. 매일 어디에 얼마를 썼는지 세세하게 적어야 했다. 편의점에서 1,000원짜리 과자를 사도 꼼꼼하게 적어야 했기에 가계부를 쓰는 시간이 많이 필요했다.

하루 이틀 밀리기 시작하면 난리가 난다. 그럭저럭 돈을 어디에 어떻게 썼는지 기억해내며 가계부에 적어도 꼭 한두 건씩 까먹고 카드 명세서와 거래 내용, 영수증을 뒤적거리는 데 몇 십 분씩 보내곤 했다. 그렇게 있는 시간 없는 시간을 쪼개서 가계부를 썼다.

'마침내 가계부를 다 썼구나!'

몰려오는 만족감에 취해 가계부를 덮었다. 그렇게 하루 이틀이 지나고 한 달이 지나서 깨달았다. 나는 가계부를 쓰고만 있었고 어떻게 썼는지 전혀 들춰보지 않았던 것이다. 가계부를 통해 재무 상태를 파악하겠다는 목표에서 완전히 벗어나 기록만 하고 있었다.

가계부를 열심히 쓰면 돈을 벌 수 있다는 말은 거짓말이다. 오히려 가계부를 뚫어지게 쳐다보는 시간이 길어야 한다. 지금까지 수익과 비용은 얼마나 발생했는지, 현재 자산과 부채는 어느 정도고 꾸준히 개선되고 있는지, 목표를 향해 제대로 나아가고 있는지 등을 확인하고 그렇지 않다면 원인을 찾아내는 것이 가계부를 '보는' 것이다. 그러면 가계부가 여러분의 귓가에 어떻게 하면 재무 상태를 개선할 수 있는지 속삭이기 시작할 것이다.

가계부는 자율 주행 장치가 아니다. 가계부를 열심히 쓴다고 해서 1억 원, 2억 원이 저절로 모이지 않는다. 여러 가계부 특강에서 단순히 가계부 작성 방법을 넘어 재테크에 대한 마인드를 강조하는 이유가 있다. 가계부는 어디까지나 내비게이션이다. 내비게이션은 목적지와 경로, 본인의 현재 위치 같은 정보는 보여주지만 운전은 직접 해야 한다. 아무리 내비게이션 성능이 좋아도 직접 가속페달을 밟지 않으면 앞으로 나아가지 않는다.

자본주의라는 고속도로에서 운전하기 위한 본인만의 내비게이션, 가계부를 만들어보자. 그리고 이 내비게이션을 보면서 목적지까지 가보자. 내가 앞으로 이야기할 가계부는 이런 가계부다. 가계부를 보다 보면 생각보다 심각한 현실에 뒤통수가 얼얼할지도 모른다. 그래도 괜찮다. 오히려 그런 기분이 든다면 제대로 가계부를 쓰고 있다는 증거다. 가계부에 표시된 현실이 본인의 생각과 달라도 명확하게 현실을 바라보길 바란다. 변화는 본인의 재무 상태가 어떤지 명확히 파악해야 시작된다. 가계부를 보지 않고 덮어버린다는 것은 단순히 가계부만 덮는 것이 아니라 재무 상태를 개선할 숨어있는 요소들을 덮어버리는 것이다.

가계부는 보기 위해 있다는 것을 명심하길 바란다. 절대 가계부 작성 자체가 목적이 돼서는 안 된다. 가계부를 쓰면서 만족하는 것이 아니라 보면서 아파하는 것이 좋다. 보면서 고민하는 시간을 늘리면 가계부는 경제적 자유로 향하는 강력한 도구로 변할 것이다.

앞으로 내가 만든 가계부를 '보이는 가계부'라고 부르겠다. 쓰기 위한 가계부가 아니라 보기 위한 가계부기 때문이다. 이 책에서 알려주는 '보이는 가계부'는 기본적으로 엑셀을 이용해 작성하며 엑셀 파일은 오른쪽의 QR 코드 또는 내 블
로그(크댕부부가 사는 방법, blog.naver.com/
crodin_93/223250982497)에 접속해 다운로드
할 수 있다. 이어지는 PART 2에서는 '보이는
가계부'를 작성하기 전에 기본적으로 알아야 할 내용과 작성 방법에
대해 다룰 것이므로 PART 2 내용을 읽으며 엑셀 파일도 함께 보면
이해하는 데 조금 더 도움이 될 것이다. 그리고 PART 3에서는 가계
부에 목표를 반영하는 방법, PART 4에서는 가계부를 편하게 쓰는
방법에 대해 설명하고, PART 5에서는 작성된 가계부를 어떻게 보
면 좋을지 활용 방법에 대해 정리했다.

PART 2

나의 재무 상태를
파악해봅시다

버는 돈과 쓰는 돈

PART 2에서는 재무 상태를 파악하기 위한 '보이는 가계부'의 기본적인 내용과 작성 방법에 대해 살펴보려고 한다. 얼마를 벌고 얼마를 쓰는지 파악하는 수익과 비용의 관점(PART 2-06)과 얼마를 가지고 있고 얼마를 갚아야 하는지 파악하는 자산과 부채의 관점(PART 2-07)으로 나눠 재무 상태를 살펴보고 이에 맞춰 가계부를 작성하면 된다. 차례대로 알아보자.

・버는 돈은 어떻게 분류할까?

'수익'은 벌어들이는 돈으로, 매월 얼마를 벌고 있는지 어떻게 파악할까? 만약 회사원이라면 어차피 매월 똑같이 받는 월급인데, 정리할 필요를 못 느낄 수도 있다. 하지만 투자를 시작하기로 했다면 월급뿐만 아니라 투자 수익도 파악해야 한다.

로버트 기요사키는 《부자 아빠 가난한 아빠 2》에서 돈을 버는 방법에 따라 사람을 4가지 유형으로 구분했다.

봉급생활자(Employee) : 기업체에 고용돼 매월 월급을 받는 사람이다. 봉급생활자는 본인의 근로시간을 남(기업)을 위해 사용한다.

자영업자 또는 전문직(Self-employed) : 가게를 운영하거나 의사와 변호사 같은 전문직 종사자다. 자영업자나 전문직 종사자는 스스로 사업체를 운영하고 그 사업체를 운영하기 위해 많은 근로시간을 투입한다.

사업가(Big business) : 여기에서 말하는 사업은 자영업과 다르다. 본인이 일하는 것이 아니라 일정한 시스템을 만들어 다른 사람이 일하게 만드는 것을 말한다. 이 시스템을 만들어 수익을 창출하는 사람을 사업가라고 한다.

투자가(Investor) : 투자자산에 투자해 수익을 창출하는 사람이다.

로버트 기요사키는 경제적 자유를 이루기 위해 봉급생활자, 자영업자 또는 전문직에서 사업가나 투자가가 돼야 한다고 말한다. 이것을 참고해 수익을 분류하면 봉급생활자나 자영업자 또는 전문직 종사자로서 얻는 수익은 '근로소득', 사업가로서 얻는 수익은 '사업소득', 그리고 투자가로서 얻는 수익은 '자본소득'이라고 할 수 있다. 정리하면 다음과 같다.

근로소득 : 노동으로 벌어들이는 수익이다. 대표적으로 월급이 있으며 자영업자나 전문직 종사자가 벌어들이는 수익도 모두 근로소득이다.

사업소득 : 본인의 노동력을 투입하지 않아도 되는 수준의 사업에서 발생하는 수익이다. 즉, 돈을 벌어들이는 시스템을 만들어 얻는 수익이다.

자본소득 : 자산에서 발생하는 수익이다. 월세소득, 배당소득 등이 있다.

봉급생활자나 자영업자 또는 전문직 종사자는 본인의 노동력을 사용해 수익을 얻는다는 공통점이 있으므로 모두 근로소득으로 묶었다. 근로소득에서 벗어나 경제적 자유를 꿈꾼다면 사업가나 투자가가 되어 사업소득이나 자본소득을 늘려야 한다.

그리고 여기에 하나를 추가해보자. 위의 3가지 기준으로 수익을 분류하다 보면 애매한 경우가 발생한다. 예를 들어 중고 물건을 팔았다고 가정해보겠다. 사업도 아니고 투자도 아니며 근로소득은 더더욱 아니기에 이런 수익들을 담고자 '기타소득'을 만들었다.

기타소득 : 근로소득, 사업소득, 자본소득으로 분류하기 어려운 수익이다.

수익을 이렇게 4가지로 분류했다면 이제 발생한 수익에 대해 언제 가계부에 적을지 기준을 정해야 한다. 그 기준은 돈이 들어와 실제 자산이 됐을 때다. 즉, 가계부에 수익으로 적는 기준은 '자산으로 들어오는 현금 흐름이 발생했는지'다.

먼저 근로소득을 기록하는 기준에 대해 살펴보자. 예를 들어 월급을 받는 봉급생활자라면 월급 계좌에 돈이 들어오면 들어온 시점에 '수익-근로소득'이라고 적으면 된다. 그리고 '수익-근로소득'에서 조금 더 세분화할 수 있다. 근로소득 중에는 매월 고정적으로 받는 월급 외에 비정기적으로 받는 수당이나 상여금 등도 있을 것이다. 이런 수익들을 구분하기 위해 월급은 '수익-근로소득-월급'으로, 수당이나 상여금 등은 '수익-근로소득-기타근로소득'으로 적는다.

두 번째는 사업소득을 기록하는 기준이다. 사업소득은 '돈 버는 시스템'으로 인해 자산으로 들어오는 돈이 발생하는 경우다. 쉽게 말해 회사 업무 외 활동을 통해 얻는 수익으로, 블로그나 유튜브 활동 같은 부업으로 얻는 수익 등이 있다. 부수입이 있다면 사업소득으로 분류하면 된다.

세 번째로 자본소득을 기록하는 기준에 대해 살펴보자. 먼저 '수익-자본소득'을 세분화해야 하는데, 그 전에 투자한 자산에서 발생하는 자본소득은 크게 2종류로 나눌 수 있다. 자산을 가지고 있어서 발생하는 자본소득과 시세가 올라 발생하는 자본소득이 있다. 월세소득, 배당소득, 이자소득 등이 전자에 해당하며 이런 수익들이 들어온 시점에 '수익-자본소득-월세소득'처럼 세분화해 적으면 된다. 참고로 나는 월세소득, 배당소득, 이자소득 등을 한데 묶어 '수익-자본소득'이라고 적고 더 이상 세분화하지 않는다. 그런데 후자의 경우가 조금 애매하다. 예를 들어 가지고 있는 주식의 가격이 올랐다면 '수익-자본소득-주식소득'이라고 적어야 할까? 이때는 돈이 들어와 실제 자산이 된 게 아니다. 즉, 현금 흐름이 발생한 것이 아니고 자산 자체의 가치가 오른 것이기 때문에 자본소득으로 보지 않는다. 혹시 '투자한 주식이 크게 올랐는데 가계부에 전혀 반영하지 못하는 건 아닐까?'라는 생각이 드는가? 걱정하지 않아도 된다. 뒤에 자산을 설명하는 부분에서 다루겠지만 주기적으로 자산 현황을 관찰해 가계부에 적게 될 텐데, 여기에서 반영할 것이다.

마지막으로 기타소득은 중고 물건 판매처럼 바로 돈이 들어와 실제 자산이 되는 경우가 대부분이므로 수익이 발생할 때마다 세분화하지 않고 '수익-기타소득'으로 한데 묶어 가계부에 적으면 편하다.

[표 2-1]은 내가 '보이는 가계부'에서 수익을 분류하는 기준이다. 엑셀 파일의 {분류 기준, 기초 자료} 시트를 참고하면 된다. 개인의 상황과 편의에 맞춰 소분류에 분류를 추가하면 된다.

표 2-1 수익 분류 기준 예시

대분류	중분류	소분류	관련 항목
수익	근로소득	월급	회사에서 매월 정해진 금액으로 받는 월급
		기타근로소득	수당, 상여금 등 회사에서 받는 비정기 소득
	사업소득	사업소득	회사 업무 외 활동을 통해 들어오는 소득
	자본소득	자본소득	투자로 발생하는 소득
	기타소득	기타소득	분류하기 어려운 기타 소득

· 쓰는 돈은 어떻게 분류할까?

벌어들이는 돈과 반대로 쓰는 돈인 '비용'은 어떻게 분류하면 좋을까? 비용은 크게 '고정비'와 '변동비'로 구분할 수 있으며, 수익과 반대로 자산에서 돈이 빠져나갈 때 가계부에 적으면 된다.

고정비 : 지출 주기가 일정(보통 1개월)한 비용이다. 금액에 상관없이 정

해진 월, 분기, 반기마다 지출된다. 월세, 각종 공과금, 대출이자 등이 있으며 주로 계약으로 인해 발생한다는 특징이 있다.

변동비 : 지출 주기가 일정하지 않은 비용이다. 특정한 이벤트가 있어야 지출되거나 수시로 지출된다. 축의금, 조의금, 간식비, 꾸밈비 등이 있다.

고정비와 변동비에서 분류가 끝나면 가계부를 쓰는 의미가 없으므로 세부적으로 분류해보자. 매월 정기적으로 지출되는 고정비에도 여러 종류가 있다. 월세부터 시작해 가스료, 전기료, 수도료, 관리비 등의 주거비와 통신비, 보험료 등 종류가 다양하므로 비슷한 성격의 지출들끼리 묶어준다. 〔표 2-2〕는 내가 '보이는 가계부'에서 고정비를 분류하는 기준이고 〔표 2-3〕은 변동비를 분류하는 기준이다. 엑셀 파일의 {분류 기준, 기초 자료} 시트를 참고하면 된다.

표2-2 비용 중 고정비 분류 기준 예시

대분류	중분류	소분류	관련 항목
비용	고정비	주거비	월세, 가스료, 전기료 등 주거로 인해 발생하는 비용
		용돈	식비, 꾸밈비 등 용돈 고정 금액
		통신비	휴대전화, 인터넷 등 통신 요금
		교통비	버스, 지하철, 시외버스 등 교통 요금
		보험료	실손보험, 암보험 등 보험료

표2-3 비용 중 변동비 분류 기준 예시

대분류	중분류	소분류	관련 항목
비용	변동비	기부금	헌금 등 기부금
		경조사비	경조사 비용
		이자비용	마이너스 통장 포함 부채 원리금 상환 금액
		세금과공과	각종 세금과 공과금(자동차세 등)
		의료비	병원비, 약값 등
		교육비	강의 수강, 책, 자기계발을 위한 구독 요금
		기타	기타 비용

나는 2인 가구에 아직 자녀가 없기 때문에 이 정도면 내가 사용하는 대부분의 비용을 분류할 수 있다. 만약 자녀가 있다면 자녀 교육비나 양육비 같은 분류가 소분류에 추가될 수 있다. 이처럼 비용도 수익과 마찬가지로 개인의 상황과 편의에 맞춰 세부적으로 분류하면 된다.

가계부를 잘 보려면 보기 편하게 써야 하고 쓰기 편한 가계부는 익숙한 분류로 표시돼야 한다. 다만 너무 세세하게 분류해 소분류가 7개를 넘어가면 한눈에 파악하기가 불편해진다. 또한 분류를 너무 합쳐놔도 문제가 된다. 일례로 고정비 안에서 주거비, 통신비, 교통비를 합쳐 생활비로 가계부에 적는다고 가정해보자. 만약 생활비가 갑자기 크게 변동될 경우 그 원인을 파악하기가 너무 어려워진다. 따라서 개인의 상황에 맞게 적당히 분류하는 것이 중요하다. 내

경험상 특정 소분류의 덩치가 너무 커지면 해당 분류를 쪼개고 대략 6개 이하로 세부적으로 분류하길 추천한다.

그런데 고민해볼 것이 하나 있다. 앞서 언급한 대로 자산으로 들어온 돈은 수익으로 적고 자산에서 빠져나간 돈은 비용으로 가계부에 적으면 된다. 그럼 매월 50만 원씩 정기적금에 저축하기 위해 적금 계좌로 이체한 돈도 비용으로 봐야 할까? 마찬가지로 매월 40만 원씩 주식에 투자하기 위해 주식 계좌로 이체한 돈도 비용으로 봐야 할까? 저축하는 돈과 투자하는 돈을 비용으로 보기에는 조금 이상할 수 있지만 관리를 위해 '투자비'라는 중분류를 만들었다. 그리고 투자비는 별도의 소분류가 없는 것으로 한다.

표 2-4 **비용 중 투자비 분류 기준 예시**

대분류	중분류	소분류	관련 항목
비용	투자비	투자비	저축하거나 투자한 금액

투자비 : 저축이나 투자를 위해 예금계좌에서 지출되는 모든 돈이다.

투자비는 앞으로 우리의 돈을 불려줄 소중한 친구다. 그래서 다른 비용과는 별개로 특별 취급할 예정이다. 여기까지 내가 '보이는 가계부'에서 비용을 분류하는 기준을 모두 정리하면 [표 2-5]와 같다. 엑셀 파일의 {분류 기준, 기초 자료} 시트를 참고하면 된다.

표 2-5 비용 분류 기준 예시

대분류	중분류	소분류	관련 항목
비용	고정비	주거비	월세, 가스료, 전기료 등 주거로 인해 발생하는 비용
		용돈	식비, 꾸밈비 등 용돈 고정 금액
		통신비	휴대전화, 인터넷 등 통신 요금
		교통비	버스, 지하철, 시외버스 등 교통 요금
		보험료	실손보험, 암보험 등 보험료
	변동비	기부금	헌금 등 기부금
		경조사비	경조사 비용
		이자비용	마이너스 통장 포함 부채 원리금 상환 금액
		세금과공과	각종 세금과 공과금(자동차세 등)
		의료비	병원비, 약값 등
		교육비	강의 수강, 책, 자기계발을 위한 구독 요금
		기타	기타 비용
	투자비	투자비	저축하거나 투자한 금액

지금까지 자산으로 들어오고 빠져나가는 돈을 중심으로 수익과 비용을 가계부에 적었는데, 여기에는 현금이 없다. 현금은 어떻게 관리해야 할까? 아예 가계부에서 제외하는 것이 좋다.

요즘 현금을 사용할 일이 정말 많이 줄었다. 서울에서는 시내버스도 현금을 받지 않는다. 대부분의 소비는 카드나 계좌 이체로 지출되기 때문에 현금을 가지고 다니지 않아도 생활하는 데 아무런 지장이 없다. 100만 원씩 지갑에 넣고 다닌다면 모를까, 대부분은 현금을 가지고 다니지 않거나 정말 급할 때 사용할 소액만 가지고 다닐 것이다. 그 돈을 제외한다고 가계부에 영향을 끼치지 않는다. 예금계좌에서 현금을 찾으면 가계부에 비용으로 적고, 반대로 예금계좌에 현금을 넣으면 수익으로 적어 관리하면 된다. 따라서 본인이 들고 있는 현금은 가계부에서 어떤 목적으로든 비용 처리된 돈이므로 현금을 지출할 때마다 지출 내용을 하나하나 가계부에 적을 필요가 없다. 또한 현금은 사용한 뒤 영수증을 잃어버리거나 곧바로 어디든 기록하지 않으면 돈을 어디에 썼는지 잊어버리기 쉬우므로 가계부에 적기도 어렵다.

이런 이유로 '보이는 가계부'에서 수익과 비용을 적는 기준(예금계좌를 포함한 자산으로 들어오는 모든 돈은 수익, 빠져나가는 모든 돈은 비용)에 맞춰 현금을 바라보는 것이 가장 편하게 관리하는 방법이다.

그럼 신용카드 사용 대금은 어떻게 가계부에 적을까? 엄밀히 말하면 신용카드 사용 대금은 부채에 해당한다. 지금 신용카드로 1만 원을 썼다고 해서 예금계좌에서 1만 원이 바로 지출되지 않기 때문이다. 보통 다음 달에 한 달 치 사용 대금이 예금계좌에서 한 번에 지출된다. 따라서 '보이는 가계부'에서 수익과 비용을 적는 기준에 따르면 신용카드 사용 대금은 카드를 사용할 때마다 가계부에 적지 않고 한 달에 한 번 사용 대금이 빠져나가는 날 한꺼번에 비용으로 적어야 한다. 그런데 여기에는 문제점이 있다. 카드를 어디에 어떻게 사용했는지 파악하지 못하면 어떤 분류의 비용인지 알 수 없다는 점이다. 또한 사용 대금이 지출되는 날 하루에 한 달 치 사용액이 한 번에 비용으로 기록되면 과소비로 이어질 수 있다. 돈이 빠져나가는 날 전까지 얼마를 썼는지 알 수 없기 때문이다.

신용카드를 아예 사용하지 않는 것이 과도한 지출을 막는 최선의 방법이지만 본인이 지출을 잘 관리할 자신이 있다면 원칙에서 살짝 벗어나보자. 카드를 사용할 때마다 가계부에 비용 분류와 금액을 적고 사용 대금이 빠져나가는 날에는 별도로 적시 않는 것이다. 편한 것도 중요하지만 수익과 비용을 명확하게 파악하는 것이 우선이다.

수익과 비용을 직관적으로 이해하기 위해 잠깐 〈콩쥐 팥쥐〉 설화 속 콩쥐가 돼보자. 콩쥐는 계모의 괴롭힘에 항아리에 물을 채워야 하는 상황에 처한다. 그런데 멀쩡한 항아리가 아니라 구멍이 송송 뚫린 항아리다. 물을 한 바가지 퍼서 부을 때마다 뚫려 있는 구멍들로 빠져나간다. 어쨌든 물을 채우려면 빠져나가는 속도보다 빠르게 물을 채워야 한다.

우리의 경제활동은 마치 구멍 난 항아리에 물을 붓는 것과 같다. 항아리에 붓는 물이 수익이라면 구멍으로 빠져나가는 물은 비용이다. 그리고 항아리 속에 남아있는 물은 순이익이다. 다시 말해 수익은 자산으로 들어오는 돈이고 비용은 자산에서 빠져나가는 돈이며, 수익에서 비용이 빠져나가고 실제로 자산으로 남아있는 돈이 순이익이다.

이처럼 수익에서 비용을 빼면 순이익이 되고 이것이 저축과 투자의 원천이 된다. 콩쥐에게 정말 중요한 것은 '많은 물을 붓는 것'이 아니라 '많은 물을 채우는 것'이다. 다시 말해 수익이 많은 것이 아니라 순이익이 많이 남도록 하는 것이 중요하다.

가지고 있는 돈과
갚아야 하는 돈

재무 상태를 파악하려면 수익과 비용뿐만 아니라 얼마를 가지고 있는지, 그리고 앞으로 얼마를 갚아야 하는지도 알아야 한다. 즉, 자산과 부채를 알고 있어야 한다.

• 가지고 있는 돈은 어떻게 분류할까?

'자산'은 가지고 있는 수중의 모든 돈과 투자가치가 있는 재화들을 말하며 일반적으로 '재산'과 같은 의미로 사용된다. 은행 예금도 자산이고 집도 자산이며 주식 같은 투자자산도 모두 자산이다.

그리고 앞으로 돌려받을 돈도 자산이며 세입자라면 보증금도 자산이다.

이런 자산들은 모두 돈으로 바꿀 수 있다. 다만 돈으로 바꿀 수 있는 속도가 모두 다르다. 은행 예금은 지금 바로 은행 ATM으로 달려가 현금으로 바꿀 수 있다. 주식도 시장에 팔아 1주일 정도면 현금으로 바꿀 수 있다. 집은 어떨까? 공인중개사 사무소에 집을 매물로 내놓으면 매수자가 바로 나타나는 경우는 매우 드물며 매매 계약까지 시간이 꽤 걸리기 때문에 아무래도 현금화되는 속도가 느리다. 이처럼 현금으로 바꿀 수 있는 시간에 따라 자산을 나눌 수 있다.

유동자산 : 1년 안에 현금화할 수 있는 자산이다.

비유동자산 : 1년 안에 현금화하기 어려운 자산이다.

이제 '유동자산'과 '비유동자산'을 세부적으로 분류해보자. 〔표 2-6〕은 내가 '보이는 가계부'에서 자산을 분류하는 기준이다. 엑셀 파일의 {분류 기준, 기초 자료} 시트를 참고하면 된다.

그런데 비유동자산의 만기가 1년이 채 남지 않았다면 어떻게 해야 할까? 나는 1년을 기준으로 유동자산과 비유동자산을 구분해 관리한다. 예를 들어 본인이 전세 세입자고 계약 만료일이 1년도 채 남지 않았다고 가정해보자. 남은 계약 기간이 1년보다 길면 비유동자산으로 분류하면 되지만 1년보다 짧으면 유동자산으로 분류해야 하며, 이때 비유동자산에서 유동자산으로 옮겨주는 작업이 필요하다. 이 과정을 '비유동 옮기기'라고 하겠다. 즉, 전·월세 보증금은 처음에 '자산-비유동자산-보증금'으로 분류됐다면 계약 만료일이 1년도 남지 않은 시점부터는 '자산-유동자산-보증금'으로 분류된다. 다만 여기에 문제점이 하나 있다. 비유동자산 대부분은 언젠가 만기가 도래해 유동자산이 될 후보들이다. 이 후보들이 너도나도 1년이 남았다고 손을 들고 유동자산으로 오려고 하는 순간 유동자산의 소분류가 복잡해질 수 있다.

표 2-6 자산 분류 기준 예시

대분류	중분류	소분류	관련 항목
자산	유동자산	예금	은행 예금
		주식	주식 계좌 평가 금액
		암호화폐	비트코인 등 암호화폐 가치
	비유동자산	부동산	보유 중인 주택, 토지 등 부동산 평가 금액
		보증금	전·월세 보증금
		금융저축	예·적금 등 금융 상품 저축 금액

그래서 보다 편하게 관리하기 위해 유동자산 소분류에 '유동성장기자산'을 추가해보자. 유동성장기자산은 원래 비유동자산이었지만 이제는 유동자산이라고 부를 수 있는 자산들의 합이다. 만약 유

동자산으로 넘어올 비유동자산이 많지 않다면 유동성장기자산 같은 그릇은 만들 필요가 없다. 마찬가지로 개인의 상황에 맞춰 소분류를 추가하면 된다. 이름도 꼭 유동성장기자산으로 할 필요가 없으니 본인이 파악하기 쉬운 이름으로 바꾸면 된다. 이것까지 포함해 내가 '보이는 가계부'에서 자산을 분류하는 기준을 정리하면 〔표 2-7〕과 같다.

표 2-7 유동성장기자산을 포함한 자산 분류 기준 예시

대분류	중분류	소분류	관련 항목
자산	유동자산	예금	은행 예금
		주식	주식 계좌 평가 금액
		암호화폐	비트코인 등 암호화폐 가치
		유동성 장기자산	비유동자산으로 분류됐으나 향후 1년 안에 현금화가 가능한 자산 금액
	비유동자산	부동산	보유 중인 주택, 토지 등 부동산 평가 금액
		보증금	전·월세 보증금
		금융저축	예·적금 등 금융 상품 저축 금액

이해를 돕기 위해 비유동 옮기기의 조금 더 구체적인 예를 살펴보자. 2023년 1월 기준 2024년 2월이 계약 만료일인 오피스텔에 월세로 살고 있다고 가정해보자. 월세 보증금은 500만 원이고 다른 자산은 없다. 2023년 1월에 보증금은 비유동자산으로 분류된다. 그리고 시간이 지나 2023년 2월이 되면 계약 만료일이 딱 1년 남게 된

다. 이때 보증금은 비유동자산이 아닌 유동자산이 되므로 가계부에서 500만 원을 유동성장기자산으로 옮기면 된다. 그러면 비유동자산 500만 원이 줄어들고 유동자산 500만 원이 늘어난다. 〔표 2-8〕은 이해를 돕기 위해 '보이는 가계부'에 간략하게 기록한 예시다.

표2-8 '보이는 가계부'의 자산 간략 기록 예시 1

대분류	중분류	소분류	1월	2월
자산	유동자산	유동성장기자산	—	5,000,000
자산	비유동자산	보증금	5,000,000	—

단위 : 원

그런데 가계부에 자산을 기록하다 보면 다음과 같은 의문이 생길 수 있다.

'우리 집에 있는 비싼 컴퓨터도 자산으로 봐야 하지 않을까?'
'내가 타고 다니는 차도 자산 아닌가?'

나는 자산으로 인정하지 않는다. 앞서 〔표 2-6〕에서 분류한 자산들에는 특징이 있다. 현재의 가격이 앞으로도 유지되거나 상승할 것을 기대할 수 있다는 점이다. 예를 들어 주식의 경우 시장 상황에 따라 등락은 있겠지만 매수한 가격보다 오를 것을 기대해볼 수 있다. 그런데 자동차는 다르다. 새 차를 인도받고 시동을 거는 순간 감가가 시작되면서 가치가 떨어진다. 자동차를 포함해 컴퓨터, 냉장고, 세탁기 같은 자산들은 엄밀히 말해 소모품에 가깝다. 사용함에 따라 시간이 지나면서 가치가 꾸준히 하락하기 때문이다. 다시 말해 '투자가치가 없는 자산'이다. 이런 물건들을 사기 위해 지출한 돈은 가계부에 비용으로 적고 만약 중고로 팔게 되면 '수익-기타소득'으로 적으면 된다.

마지막으로 마이너스 통장에 대해 살펴보자. 마이너스 통장은 엄밀히 말하면 은행으로부터 일정 금액을 대출받은 것이다. 다만 계좌에 표시되는 금액이 음수일 때는 부채고 양수일 때는 자산이다. 따라서 계좌 잔고의 부호에 맞게 가계부에 적으면 된다. 문제는 음수와 양수를 자주 오고갈수록 가계부 작성이 어려워진다는 점이다.

그렇다면 계좌 잔고가 음수일 때는 부채로, 양수일 때는 자산으로 적지 않고 모두 자산으로 적으면 어떨까? 대신 계좌 잔고를 부호까지 포함해 가계부에 적는 것이다. 순자산에 미치는 영향은 동일하기 때문이다. 즉, 마이너스 통장의 계좌 잔고가 음수일 때 가계부에 부채로 적으면 순자산을 감소시키는 요인이 되는 것처럼, 자산으로 적어도 부호가 음수이므로 순자산을 감소시키는 요인이 된다. 순자산에 미치는 영향은 동일하므로 관리하기 편한 방법을 선택한 것이다.

[표 2-9]는 어느 마이너스 통장의 연초부터 4월까지 매월 말의 잔고를 정리한 자료다. 1월에는 음수, 2월에는 양수, 3월에는 음수,

4월에 양수다. 이것을 바탕으로 '보이는 가계부'에 간략히 정리해보면 [표 2-10]과 같다.

표 2-9 마이너스 통장 잔고

구분	2020○년 1월	2020○년 2월	2020○년 3월	2020○년 4월
계좌 잔고(원)	-10,000	5,000	-1,000	100

표 2-10 '보이는 가계부'의 자산 간략 기록 예시 2

대분류	중분류	소분류	1월	2월	3월	4월
자산	유동자산	예금	-10,000	5,000	-1,000	100

단위: 원

이처럼 계좌 잔고의 부호와 금액을 그대로 가계부에 적으면 훨씬 작성하기가 편하다. 특히 마이너스 통장의 수가 많아질수록 그 차이는 크다.

'보이는 가계부'는 투자의 초석을 다지기 위한 가계부기도 하다. 투자와 관련이 없거나 적은 것들을 관리하는 데 드는 시간과 노력을 아끼고 보다 좋은 투자 판단에 역량을 쏟아야 한다. 따라서 효과가 동일하다면 편하고 쉬운 방법을 선택하자.

·갚아야 하는 돈은 어떻게 분류할까?

빌려서 쓴 뒤 갚아야 하는 돈인 '부채'도 분류해보자. 자산과 마찬가지로 1년을 기준으로 '유동부채'와 '비유동부채'로 나눌 수 있다.

유동부채 : 1년 안에 만기가 도래하는 부채다.

비유동부채 : 1년 이후 만기가 도래하는 부채다.

유동부채에는 어떤 것들이 있을까? 한 달 뒤에 지출되는 신용카드 사용 대금이 대표적인 유동부채다. 또한 만기가 1년이 안 되는 단기 대출 상품들도 유동부채에 해당한다. 유동부채는 1년 안에 갚거나 지불해야 하는 돈을 의미하며 만기가 얼마 남지 않은 만큼 항상 대비해야 하는 부채다. 늘 유동부채를 지켜보면서 관리하는 것이 부채의 늪에 빠지는 것을 막는 최소한의 조건임을 잊지 말아야 한다. 〔표 2-11〕은 내가 '보이는 가계부'에서 유동부채를 분류하는 기준이다. 엑셀 파일의 {분류 기준, 기초 자료} 시트를 참고하면 된다.

표 2-11 부채 중 유동부채 분류 기준 예시

대분류	중분류	소분류	관련 항목
부채	유동부채	신용카드	한 달 뒤 지출해야 하는 신용카드 사용 대금
		기타단기부채	기타 1년 안에 갚거나 지불해야 하는 금액

이제 비유동부채를 분류해보자. 비유동부채는 만기가 1년 이후에 도래하는 장기부채들이다. 대표적으로 주택담보대출이 있다. 또한 본인 명의로 된 아파트를 전세로 임대했다면 세입자에게 받은 전세 보증금도 비유동부채에 해당한다. 〔표 2-12〕는 내가 '보이는 가계부'에서 비유동부채를 분류하는 기준이다. 마찬가지로 엑셀 파일의 {분류 기준, 기초 자료} 시트를 참고하면 된다.

표 2-12 부채 중 비유동부채 분류 기준 예시

대분류	중분류	소분류	관련 항목
부채	비유동부채	부동산대출	부동산 관련 대출
		기타장기부채	기타 1년 이후 갚거나 지불해야 하는 금액

비유동부채도 비유동자산과 마찬가지로 언젠가 돈을 갚아야 할 때가 온다. 따라서 비유동부채도 유동부채로 바꾸는 비유동 옮기기가 필요하므로 '유동성장기부채'라는 이름으로 옮기면 된다. 이것까지 포함해 내가 '보이는 가계부'에서 부채를 분류하는 기준을 정리하면 〔표 2-13〕과 같다.

자산과 부채는 개인마다 차이가 클 것으로 생각된다. 이제 막 사회생활을 시작한 사회초년생들이 부동산이니 주식이니 얼마나 가지고 있을까? 개인의 상황에 맞게, 관리하기 편하게 분류해보고 정리하길 바란다.

표 2-13 유동성장기부채를 포함한 부채 분류 기준 예시

대분류	중분류	소분류	관련 항목
부채	유동부채	신용카드	한 달 뒤 지출해야 하는 신용카드 사용 대금
		기타단기부채	기타 1년 안에 갚거나 지불해야 하는 금액
		유동성 장기부채	비유동부채로 분류됐으나 향후 1년 안에 갚거나 지불해야 하는 돈
	비유동부채	부동산대출	부동산 관련 대출
		기타장기부채	기타 1년 이후 갚거나 지불해야 하는 금액

PART 2-06에서 가계부에 수익과 비용을 적는 기준은 자산으로 돈이 들어오거나 빠져나가는 시점이라고 했다. 이 기준에 따르면 자산에서 자산으로 돈이 이동하는 경우나 부채에서 부채로 돈이 이동하는 경우는 수익이나 비용이 아니다. 물론 자산에서 부채로, 부채에서 자산으로 이동하는 때도 수익이나 비용으로 가계부에 적지 않는다.

예를 들어보자. 자산에서 자산으로 이동하는 경우는 A계좌의 돈을 B계좌로 이체하는 경우가 있다. A계좌의 잔액은 줄지만 B계좌의 잔액은 그만큼 늘어났으므로 순자산에는 변화가 없다. 또한 부동산 전세 계약을 하면서 A계좌에 있는 돈을 보증금으로 냈다면 어떻게 될까? 마찬가지로 A계좌에서는 보증금만큼 잔액이 줄지만 전세 계약이라는 비유동자산이 생기므로 순자산에는 변화가 없다. 위 두 경우 모두 수익이나 비용으로 가계부에 적을 필요가 없다.

다시 말해 투자와 관련된 돈의 움직임을 제외하고, 순자산에 변화가 없는 자산이나 부채의 이동은 수익이나 비용이 아니다. 그래서 각종 부채를 상환하는 경우나 부채를 사용해 자산을 구매하는 경우 등은 분명 돈이 들어오고 빠져나가지만 수익이나 비용으로 가계부에 적지 않는다.

비용으로 분류했던 투자비는 분명 자산에서 자산으로의 이동이다. 월급 계좌에 있던 소중한 급여로 주식을 샀다고 생각해보자. 자산인 예금이 주식으로 바뀌었을 뿐, 자산의 규모는 바뀌지 않았다. 따라서 수익이나 비용으로 가계부에 적어서는 안 된다. 다만 저축이나 투자에 돈이 얼마나 들어가는지 파악하기 위해 가계부에 '비용-투자비'라고 분류하는 것이다.

다시 콩쥐가 돼보자. 구멍 난 항아리에 열심히 물을 퍼다 날라 항아리에 물이 절반 정도 차올랐다. 물론 구멍으로 줄줄 새어 나오는 상황이지만 절반이나 모았다. 만약 이 상황에서 항아리의 절반에 해당하는 물을 밥 짓는 데 사용해야 한다면 지금까지 채운 물은 밥솥으로 가야 한다. 그런데 더 열심히 물을 퍼다 날라 항아리에 물이 절반 이상 차게 된다면 항아리의 절반만큼은 밥 짓는 데 사용하고 나머지는 콩쥐가 원하는 대로 사용할 수 있다.

항아리에 들어있는 물이 자산이라면 밥을 짓기 위해 사용해야 하는 물은 부채다. 그리고 항아리에 들어있는 물에서 밥 짓는 데 필요한 물을 뺀 나머지 물이 콩쥐가 순수하게 사용할 수 있는 순자산이다.

여기에서 유추해볼 수 있는 것이 수익과 비용은 자산과 부채와 연결돼있다는 점이다. 항아리에 퍼다 나른 물에서 빠져나가고 남아있는 물이 순이익이라면 이 순이익들이 모여 순자산을 이룬다. 가계부에서도 마찬가지다. 열심히 벌어 모은 수익에서 비용으로 지출하고 남은 순이익들이 순자산으로 쌓이게 된다.

보이는 가계부 작성 방법 ①

{분류 기준, 기초 자료} 시트

{분류 기준, 기초 자료} 시트는 크게 두 부분으로 나눠져 있다. 왼쪽에는 '분류 기준'을 입력하는 부분이 있고, 오른쪽에는 '기초 자료'를 입력하는 부분이 있다.

먼저 '분류 기준'은 가계부 작성의 기준으로, 수익·비용·자산·부채를 어떻게 분류할지 정하는 것이다. '대분류'와 '중분류'는 책 본문에서 알려준 기준을 따르고 '소분류'만 개인의 상황과 편의에 맞춰 추가하면 된다.

	A	B	C	D
1				분류 기준
2				
3	대분류	중분류	소분류	관련 항목
4	수익	근로소득	월급	회사에서 매월 정해진 금액으로 받는 월급
5	수익	근로소득	기타근로소득	수당, 상여금 등 회사에서 받는 비정기 소득
6	수익	사업소득	사업소득	회사 업무 외 활동을 통해 들어오는 소득
7	수익	자본소득	자본소득	투자로 발생하는 소득
8	수익	기타소득	기타소득	분류하기 어려운 기타 소득
9	비용	고정비	주거비	월세, 가스료, 전기료 등 주거로 인해 발생하는 비용
10	비용	고정비	용돈	식비, 꾸밈비 등 용돈 고정 금액
11	비용	고정비	통신비	휴대전화, 인터넷 등 통신 요금
12	비용	고정비	교통비	버스, 지하철, 시외버스 등 교통 요금
13	비용	고정비	보험료	실손보험, 암보험 등 보험료
14	비용	고정비		

다음으로 '기초 자료'에는 전년 데이터를 입력해준다. '12월 순이익(만 원)'에는 전년 12월 한 달 동안 발생한 순이익을, '12월 순자산(백만 원)'에는 전년 12월 말 시점의 순자산을, '12월 투자순자산(백만 원)'에는 전년 12월 말 시점의 투자 목적으로 보유하고 있는 자산에서 투자자산을 사기 위해 사용 중인 부채 금액을 차감한 투자순자산 금액을 입력한다. 만약 '12월 투자순자산(백만 원)'이 없으면 0으로 두면 된다.

F	G	H	I	J	K
기초 자료					
전년 데이터					
12월 순이익(만 원)	0				
12월 순자산(백만 원)	0				
12월 투자순자산(백만 원)	0				
*투자순자산은 투자 목적으로 가지고 있는 자산에서 투자를 위해 빌린 돈을 뺀 값					

한눈에 파악하는 재무 상태

• 수익과 비용

이제 본격적으로 가계부를 써보자. 먼저 수익과 비용을 정리해야한다. 〔표 2-14〕처럼 발생한 수익과 비용 내용을 하나씩 차례차례 가계부에 적으면 된다. 예를 들어 1월 1일에 월급 200만 원이 계좌로 들어오면 입금된 날짜를 적은 뒤 '수익-근로소득-월급'순으로 분류한다. 그리고 월급 금액과 발생한 수익에 대한 자세한 내용을 적으면 된다. 내용은 자세하게 적을수록 좋다. 나중에 가계부를 펼쳤을 때 어떻게 들어오고 나간 돈인지 파악할 수 있는 주된 참고 자료기 때문이다.

표 2-14 수익과 비용 임시 기록 예시

날짜	대분류	중분류	소분류	금액	메모
2023-01-01	수익	근로소득	월급	2,000,000	1월 월급
2023-01-02	비용	고정비	주거비	500,000	1월 월세
2023-01-03	비용	고정비	보험료	40,000	1월 보험료
…	…	…	…	…	…

단위 : 원

그런데 〔표 2-14〕 같은 양식을 엑셀 파일에서 찾아볼 수 없을 것이다. 왜냐하면 수익과 비용은 '보이는 가계부'에 모든 내용을 직접 적지 않고 '편한가계부'라는 애플리케이션을 이용해 자동으로 자료를 불러오기 때문이다. 수익과 비용을 적는 구체적인 방법은 71쪽에서, '편한가계부'에 대한 내용은 PART 4에서 다뤘다. 〔표 2-14〕는 이해를 돕기 위해 임시로 만든 양식이니 편하게 읽고 넘어가길 바란다.

이렇게 매일 수익과 비용에 대해 가계부에 한 달 동안 적었다면 이제 결산을 해야 한다. 결산은 매월 말에 하는 것이 좋다. 수익과 비용의 월별 결산을 위해 〔표 2-15〕를 추가해봤다. 분류는 〔표 2-14〕와 동일하며 매월 분류별 합계를 정리한 것이다.

〔표 2-15〕를 보면 1월 한 달 동안의 수익은 총 200만 원이고 비용은 총 54만 원이다. 200만 원에서 54만 원을 빼면 146만 원이 남는다. 이것을 수익 중에서 비용을 제외하고 순수하게 얻은 이익이라

표 2-15 '보이는 가계부'의 손익계산서 예시

분류			1월
수익			2,000,000
수익	근로소득		2,000,000
수익	근로소득	월급	2,000,000
		기타근로소득	—
수익	사업소득		—
수익	사업소득	사업소득	—
수익	자본소득		—
수익	자본소득	자본소득	—
수익	기타소득		—
수익	기타소득	기타소득	—
비용			540,000
비용	고정비		540,000
비용	고정비	주거비	500,000
		용돈	—
		통신비	—
		교통비	—
		보험료	40,000
비용	변동비		—
비용	변동비	기부금	—
		경조사비	—
		이자비용	—
		세금과공과	—
		의료비	—
		교육비	—
		기타	—
순이익			1,460,000
비용	투자비	투자비	500,000

단위 : 원

는 의미에서 '순이익'이라고 한다. 그리고 앞서 특별 취급하기로 했던 투자비를 적어야 한다. 만약 50만 원을 정기적금에 넣었다면 투자비에 50만 원을 적고 비용 합계에 포함하지 않는다.

이렇게 하면 한 달 동안의 수익과 비용은 모두 정리된다. 그리고 앞으로 이 표를 '손익계산서'라고 부르겠다. '보이는 가계부' 엑셀 파일의 {손익계산서} 시트를 참고하면 된다. {손익계산서} 시트는 직접 작성할 필요가 없으며 PART 4에서 다룰 '편한가계부'를 이용해 {수익비용} 시트에 자료가 입력되면 손익계산서에 자동으로 반영된다. 한 해의 월별 손익계산서가 작성되면 이것을 모두 합산해 연간 손익계산서도 작성할 수 있다.

보이는 가계부 작성 방법 ②

{수익비용} 시트 / {손익계산서} 시트

{수익비용} 시트는 수익과 비용에 대한 내용을 입력하는 시트로,
2가지 입력 방법이 있다. 첫 번째는 엑셀 파일에 직접 데이터를 입
력하는 방법이다. 파란색 바탕 부분에서 '날짜', '중분류', '소분류',
'KRW', '메모' 열에만 내용을 입력하고 나머지 부분은 신경 쓰지 않
아도 된다. 두 번째 방법은 '편한가계부'에서 내려받은 엑셀 파일을
이용해 입력하는 방법으로, '편한가계부' 사용 방법은 PART 4-15
에서 설명했다. '편한가계부'에서 내려받은 엑셀 파일 내용을 복사
해 **{수익비용}** 시트 파란색 바탕 부분의 '날짜' 열부터 '자산2' 열까
지 붙여 넣으면 입력이 완료된다.

	A	B	C	D	E	F	G	H	I	J	K
1	날짜	자산	중분류	소분류	내용	KRW	수입/지출	메모	·	화폐	자산2
2	2023-01-01		고정비	용돈		400000		****			
3	2023-01-03		고정비	교통비		116400		****			
4	2023-01-03		기타수익	기타소득		2500000		****			
5	2023-01-05		고정비	주거비		119000		****			
6	2023-01-07		고정비	교통비		96910		****			
7	2023-01-07		고정비	교통비		-96910		****			
8	2023-01-09		고정비	통신비		7490		****			
9	2023-01-09		고정비	교통비		41200		****			
10	2023-01-10		변동비	이자비용		24536		****			
11	2023-01-10		고정비	교통비		14200		****			
12	2023-01-13		투자비	투자비		64000		****			
13	2023-01-13		근로소득	기타근로소득		3164000					

소분류 이름이 잘못됐을 때는 빨간색 음영으로 자동으로 표시되니 이때는 소분류 이름을 확인한 뒤 수정하면 된다.

	A	B	C	D	E	F	G	H	I	J	K
1	날짜	자산	중분류	소분류	내용	KRW	수입/지출	메모	-	화폐	자산2
2	2023-01-01		고정비	용돈		400000		****			
3	2023-01-03		고정비	교통비		116400		****			
4	2023-01-03		기타수익	기타소득		2500000		****			
5	2023-01-05		고정비	주거비		119000		****			
6	2023-01-07		사업수익	(잘못 쓴 경우)		500000		****			
7	2023-01-07		고정비	교통비		-96910		****			

주의 사항

'편한가계부'와 {수익비용} 시트 열의 이름이 다를 수 있는데, 신경 쓰지 않아도 된다. 또한 '편한가계부'의 '날짜' 열 기록 양식이 {수익비용} 시트의 '날짜' 열 기록 양식과 다를 수 있는데, 엑셀 수식에는 문제가 없으므로 그대로 복사해 붙여 넣으면 된다.

파란색 바탕 부분에 입력이 완료되면 오른쪽의 흰색 바탕 부분에 자동으로 필요한 내용만 정리된다. 이것이 {손익계산서} 시트에 자동으로 반영된다.

L	M		N	O	P	Q	R
날짜3	월		대분류	중분류2	소분류4	금액5	메모2
2023-01-01	1월		비용	고정비	용돈	400000	****
2023-01-03	1월		비용	고정비	교통비	116400	****
2023-01-03	1월		수익	기타수익	기타소득	2500000	****
2023-01-05	1월		비용	고정비	주거비	119000	****
2023-01-07	1월		비용	고정비	교통비	96910	****
2023-01-07	1월		비용	고정비	교통비	-96910	****
2023-01-09	1월		비용	고정비	통신비	7490	****
2023-01-09	1월		비용	고정비	교통비	41200	****
2023-01-10	1월		비용	변동비	이자비용	24536	****
2023-01-10	1월		비용	고정비	교통비	14200	****
2023-01-13	1월		비용	투자비	투자비	64000	****
2023-01-13	1월		수익	근로소득	기타근로소득	3164000	****

{손익계산서} 시트에는 별도로 내용을 입력할 필요가 없으며 {수익비용} 시트에 입력하면 자동으로 반영된다. {손익계산서} 시트는 {수익비용} 시트의 내용을 월별로 정리해주는 시트로, {수익비용} 시트에서 작성한 '분류 기준'에 따라 표시된다. 12개월 동안의 수입과 비용의 합계는 손익계산서의 맨 오른쪽에 있는 '계' 열에 표시되고 '예산'은 연간 예산을 나타낸다. '소진율'은 '계'를 '예산'으로 나눈 값으로, 예산 대비 수익과 비용이 얼마나 발생했는지 비율로 알수 있다.

	분류		1월	2월
손익계산서				
수익			9,946,310	10,902,006
수익	근로소득		7,084,310	4,436,610
수익	근로소득	월급	2,920,310	4,316,610
수익	근로소득	기타근로소득	4,164,000	120,000
수익	사업소득		100,000	200,000
수익	사업소득	사업소득	100,000	200,000
수익	자본소득		-	-
수익	자본소득	자본소득	-	-
수익	기타소득		2,762,000	6,265,396
수익	기타소득	기타소득	2,762,000	6,265,396
비용			1,691,746	2,029,502
비용	고정비		820,150	1,476,415
비용	고정비	주거비	229,160	531,850
비용	고정비	용돈	400,000	600,000
비용	고정비	통신비	7,490	7,490
비용	고정비	교통비	183,500	311,800
비용	고정비	보험료	-	25,275
비용	고정비			

	분류		12월	계	예산	소진율
손익계산서						(단위 : 원)
수익			-	31,933,786	28,000,000	114.05%
수익	근로소득		-	20,390,000	20,000,000	101.95%
수익	근로소득	월급	-	15,756,000		
수익	근로소득	기타근로소득	-	4,634,000		
수익	사업소득		-	1,500,000	4,000,000	37.50%
수익	사업소득	사업소득	-	1,500,000		
수익	자본소득		-	-	4,000,000	0.00%
수익	자본소득	자본소득	-	-		
수익	기타소득		-	10,043,786	-	
수익	기타소득	기타소득	-	10,043,786		
비용			-	8,273,962	18,000,000	45.97%
비용	고정비		-	5,016,415	13,000,000	38.59%
비용	고정비	주거비	-	2,242,210		
비용	고정비	용돈	-	1,957,270		
비용	고정비	통신비	-	38,020		
비용	고정비	교통비	-	703,090		
비용	고정비	보험료	-	75,825		
비용	고정비		-			

{손익계산서} 시트 아랫부분에는 수익에서 비용을 뺀 순이익이 표시되고 그 아래에는 투자비가 표시된다. 순이익률은 순이익을 수익으로 나눈 값이고 투자비율은 투자비를 순이익으로 나눈 값이다. 그리고 {손익계산서} 시트 맨 오른쪽 아랫부분에는 12개월 동안 순이익의 합계가 '계' 열에 표시되고 '예산'은 한 해 동안 모으

기로 정한 목표 금액을 의미한다. 또한 '소진율'은 순이익의 '계'를
'예산'으로 나눈 값으로, 한 해 목표 금액 대비 어느 정도 위치에 있
는지를 의미한다.

	B	C	D	M	N	O	P	Q	R	S
1	손익계산서									
2										(단위 : 원)
3	분류			9월	10월	11월	12월	계	예산	소진율
40	순이익			-	-	-	-	23,659,824	19,680,000	120.22%
41	비용	투자비	투자비	-	-	-	-	5,470,331		
42	순이익률			0.00%	0.00%	0.00%	0.00%	74.09%	60.74%	
43	투자비율			0.00%	0.00%	0.00%	0.00%	17.13%		

· 자산과 부채

수익과 비용은 매일 가계부에 적는 반면, 자산과 부채는 매월 말에 한 번만 적으면 된다. 엑셀 파일의 {자산}과 {부채} 시트에 적으면 되고 구체적인 작성 방법은 71쪽에서 설명했다. 다만 자산과 부채는 수익, 비용과는 다른 방법으로 결산을 해야 하는데 마치 사진을 찍는 것과 같다. 달리는 사람의 순간을 사진으로 찍으면 찍은 시점에 그 사람의 위치가 기록된다. 자산과 부채도 달리는 사람과 같아 가계부에 주기적으로 기록하는 시점의 상태를 정리하는 것이다. 즉, 수익과 비용은 발생할 때마다 가계부에 매일 적어야 한다면 자산과 부채는 한 달을 주기로 정해진 시점의 상태를 적고 그것을 결산하면 된다.

예를 들어 매월 말 자산과 부채의 상태를 가계부에 적고 월말 시점으로 결산을 하면 〔표 2-16〕과 같다. 예금의 경우 1월 말 시점에 모든 예금을 합한 금액이 50만 원이라고 가정했다. 2월에는 2월 말 시점의 자산과 부채를 결산하고, 3월에는 3월 말 시점의 자산과 부채를 결산하면 된다. 다만 연말이 되어 12개월 치를 모두 합산하면 안 된다. 연말 시점의 자산과 부채는 12월 말 시점의 자산과 부채기 때문이다. 한 해 동안 키가 얼마나 컸는지 확인하고자 12개월 동안 매월 말마다 측정한 수치를 모두 합산하는 것이 말이 안 되는 것과 같다.

표 2-16 **'보이는 가계부'의 재무상태표 예시 1**

분류			1월
자산			1,000,000
자산	유동자산		500,000
자산	유동자산	예금	500,000
		주식	—
		암호화폐	—
		유동성장기자산	—
자산	비유동자산		500,000
자산	비유동자산	부동산	—
		보증금	—
		금융저축	500,000
부채			300,000
부채	유동부채		300,000
부채	유동부채	신용카드	300,000
		기타단기부채	—
		유동성장기부채	—
부채	비유동부채		
부채	비유동부채	부동산대출	—
		기타장기부채	—
순자산			700,000

단위 : 원

앞으로 〔표 2-16〕처럼 자산과 부채가 정리된 표를 '재무상태표'라고 부르겠다. 특정 시점의 재무 상태를 나타내는 표라고 이해하면 된다. 엑셀 파일의 {재무상태표} 시트를 참고하면 되고 직접 작성할 필요가 없다. {자산}과 {부채} 시트를 작성하면 재무상태표에 자동으로 반영된다. 1월 말 시점의 자산은 총 100만 원, 부채는 총 30만 원이다. 자산에서 부채를 빼면 70만 원이고 이 금액은 순수하게 본인의 것이며 이것이 '순자산'이다.

그런데 가계부에 자산과 부채의 상태를 매월 말에 적는 것보다 조금 더 짧은 주기로 업데이트하는 것이 필요할 수 있다. 부동산 매매 같은 자산과 부채에 큰 변동이 발생하는 경우 월중에 재무 상태가 크게 변한다. 따라서 금액의 변화가 커서 한 달에 한 번 가계부에 적는 것으로는 재무 현황을 정확히 파악하는 데 무리가 있다고 판단되면 주기를 짧게 해야 한다. 개인차가 있으므로 주기는 필요에 따라 조정하면 된다. 주마다 적을 수도 있고 보름마다 적을 수도 있다. 아니면 필요할 때마다 수시로 적을 수도 있다.

[표 2-16]의 1월에 이어 2월의 재무상태표도 살펴보자. 매월 말에 가계부에 자산과 부채에 대한 내용을 적는 것을 기준으로 하되, 월 중반에 필요에 따라 추가로 적으면 재무상태표에도 반영된다. [표 2-18]을 보면 2월 말 시점에는 1월과 비교해 다른 변화는 없고 2월 신용카드 사용액이 없는 상태에서 1월 신용카드 사용 대금이 지출돼 예금에서 30만 원이 빠져나갔음을 알 수 있다. 이것을 '보이는 가계부'의 {자산}과 {부채} 시트에 각각 적은 내용을 보자. [표 2-17]은 이해를 돕기 위해 간략하게 기록한 예시다. 자산에서는 돈이 빠져나갔으므로 2월 예금 잔고는 20만 원이 되고, 부채에서는 신용카드 사용 대금이 지불됐으므로 2월 신용카드 부채는 0원이 되어 사라진다. 이렇게 작성한 내용은 재무상태표에도 자동으로 반영된다.

'보이는 가계부'의 자산과 부채 간략 기록 예시

대분류	중분류	소분류	1월	2월
자산	유동자산	예금	500,000	200,000

단위 : 원

대분류	중분류	소분류	1월	2월
부채	유동부채	신용카드	300,000	—

단위 : 원

'보이는 가계부'의 재무상태표 예시 2

분류			1월	2월
자산			1,000,000	700,000
자산	유동자산		500,000	200,000
자산	유동자산	예금	500,000	200,000
		주식	—	—
		암호화폐	—	—
		유동성장기자산	—	—
자산	비유동자산		500,000	500,000
자산	비유동자산	부동산	—	—
		보증금	—	—
		금융저축	500,000	500,000
부채			300,000	—
부채	유동부채		300,000	—
부채	유동부채	신용카드	300,000	—
		기타단기부채	—	—
		유동성장기부채	—	—
부채	비유동부채		—	—
부채	비유동부채	부동산대출	—	—
		기타장기부채	—	—
순자산			700,000	700,000

단위 : 원

78

이처럼 가계부에 자산에 대한 내용을 적든, 부채에 대한 내용을 적든 자산과 부채를 함께 확인해야 한다. 예를 들어 아파트를 매수해 가계부에 '자산-비유동자산-부동산'에 대한 금액이 추가되면 동시에 변동된 부채와 예금 금액도 수정해야 한다. 자산과 부채는 서로 연관돼있기 때문에 전체를 확인하고 수정할 곳이 있으면 수정해야 한다.

재무상태표는 월말에 한 번만 업데이트하면 편하겠지만 그보다 정확한 재무 상태 파악이 우선돼야 한다. 따라서 자산과 부채는 가계부에 한 달에 한 번 기록은 최소한의 조건으로 두고 필요에 따라 자주 적길 바란다.

{자산} 시트 / {부채} 시트 / {재무상태표} 시트

{자산} 시트는 크게 두 부분으로 나눠져 있다. 위쪽에는 '유동자산'을 입력하는 부분이 있고, 스크롤을 내려 아래쪽에는 '비유동자산'을 입력하는 부분이 있다.

먼저 '유동자산'의 작성 방법부터 알아보겠다. 오른쪽 사진은 유동자산 중 보통예금에 대해 입력한 예시다. 먼저 '대분류', '중분류', '소분류' 내용을 차례대로 입력하고 '구분', '계좌번호/이름', '상세'에는 자산에 대한 상세한 정보를 자유롭게 입력하면 된다. '원가'에는 특정 자산을 구매했을 때 들어간 모든 돈을 입력한다. 예를 들어 부동산을 구매한 경우 부동산 가격과 중개 수수료, 세금 등을 모두 합친 금액을 입력한다. 보통예금처럼 원가를 적을 필요가 없는 경우에는 비워두면 된다. '투자자산'은 해당 자산을 투자자산으로 볼 경우 체크하면 되고 체크된 자산은 {대시보드 2} 시트에 자동으로 데이터가 반영된다. 그리고 매월 해당 자산의 금액을 입력하는 셀이 나오는데, 예금의 경우 매월 예금 잔고를 입력하고 만약 금액이 음수면 부호 그대로 금액과 함께 입력하면 된다.

	A	B	C	D	E	F	G	H	J
1					자산 내역				
2					유동자산				
3	대분류	중분류	소분류	구분	계좌번호/이름	상세	원가	투자자산	1월
4	자산	유동자산	예금	A은행	XXXXXXXX	마이너스 통장(금리 : 4.0%, 한도 : 8천만원)		☐	-4,000,000
5	자산	유동자산	예금	D은행	XXXXXXXX	마이너스 통장(금리 : 4.0%, 한도 : 4천만원)		☐	
6								☐	
7									

'비유동자산'도 '유동자산'을 입력하는 부분과 양식이 동일하니 같은 방법으로 입력하면 된다.

{부채} 시트도 크게 두 부분으로 나눠져 있다. 위쪽에는 '유동부채'를 입력하는 부분이 있고, 스크롤을 내려 아래쪽에는 '비유동부채'를 입력하는 부분이 있다. {부채} 시트 역시 {자산} 시트와 양식이 동일하므로 같은 방법으로 입력하면 된다.

{재무상태표} 시트에는 별도로 내용을 입력할 필요가 없으며 {자산}과 {부채} 시트에 입력하면 자동으로 반영된다. {재무상태표} 시트는 {자산}과 {부채} 시트의 내용을 월별로 정리해주는 시트로, {자산}과 {부채} 시트에서 작성한 '분류 기준'에 따라 표시된다. 다만 {재무상태표} 시트에 표시되는 내용은 월말 시점의 자산과 부채에 대한 것임을 기억해두길 바란다. 그리고 {재무상태표} 시트 아랫부분에는 월말 시점별로 자산에서 부채를 뺀 순자산이 표시된다.

	B	C	D	J	K	L	M	N	O	P
1	재무상태표									
2										(단위 : 원)
3		분류		6월	7월	8월	9월	10월	11월	12월
36	부채	비유동부채		-	-	-	-	-	-	-
37	부채	비유동부채		-	-	-	-	-	-	-
38	부채	비유동부채		-	-	-	-	-	-	-
39	순자산			-	-	-	-	-	-	-

이상적인 재무 상태는?

・진짜 부자

이상적인 재무 상태는 어떤 상태를 의미할까? 많은 사람이 경제적 자유를 이루고 부자가 되고 싶어 한다. 그렇다면 부자의 재무 상태를 이상적인 재무 상태로 보면 될까? 그 전에 어떤 사람을 부자라고 하는지 고민해보자.

대기업에 다니는 정로댕 씨는 월 1,000만 원 정도의 급여를 받고 있다. 부동산은 가지고 있지 않으며 서울의 알토란 같은 땅의 아파트에 전세로 살고 있다. 그리고 월 300만 원 정도의 급여를 받는 김단테 씨는 정로댕 씨가 살고 있는 아파트의 주인으로, 이 아파트뿐만 아니라 다른 부동산도 여럿 보유하고 있는 자산가다.

정로댕 씨와 김단테 씨는 다른 의미에서 모두 부자다. 정로댕 씨는 자산은 적어도 근로소득, 즉 수익이 많아 부자로 불리는 경우고 김단테 씨는 근로소득은 정로댕 씨보다 적지만 자산이 많아 부자로 불리는 경우다. 그렇다면 둘 중 누가 진짜 부자일까? 고민할 필요가 없다. 두 사람 모두 진짜 부자가 아니다. 진짜 부자는 수익도 자산도 많은 사람이기 때문이다. 버는 돈도 많고 가진 돈도 많은 사람이 부자다. 다시 말해 이상적인 재무 상태는 수익과 자산이 모두 많은 상태를 의미한다.

· 자산과 수익에 속지 마라

나만의 1급 비밀인 '하루아침에 자산 1억 원 만드는 비법'을 알려주겠다. 지금 당장 있는 돈, 없는 돈 모두 빌려다 예금계좌에 1억 원을 넣으면 된다. 그러면 예금 1억 원이라는 자산을 만들 수 있다. '이게 무슨 말도 안 되는 소리야!'라고 생각하는가? 분명 나는 자산 1억 원을 만들었다. 그럼에도 여러분이 이상하다고 느끼는 이유는 자산이 발생함과 동시에 부채도 발생해 실질적으로 늘어난 것이 없음을 직관적으로 알고 있기 때문이다.

자산만 바라보면 재무 상태를 오해할 수 있다. 돈을 빌려 예금 1억 원을 만든 것은 분명 자산을 1억 원 증가시킨 것이다. 하지만 부채도 1억 원이 증가했으므로 순자산은 그대로다. 10억 원대 자산가니 100억 원대 자산가니 하는 것은 중요하지 않다. 자산은 얼마든지 속일 수 있다.

속일 수 없는 순자산이 얼마인지가 중요하다. 그래서 꾸준히 순자산이 증가하는 것이 좋은 재무 상태의 한 요소가 된다. 다시 순자산을 어떻게 계산했는지 떠올려보자. 자산에서 부채를 뺀 값이 순자산이다. 결국 순자산을 늘리려면 자산을 늘리고 부채를 줄여야 한다. 저축과 투자도 마찬가지다. 열심히 모으고(저축) 불리면(투자) 자산이 늘어나고 자산의 증가 속도가 부채의 증가 속도보다 빠르면 순자산이 증가한다. 순자산이 꾸준히 증가하고 있다는 것은 재테크를 제대로 하고 있다는 의미다.

같은 방법으로 스스로 수익에 속는 경우도 많다. 높은 수익도 중요하지만 꾸준하게 순이익을 만드는 것이 훨씬 중요하다. 수익만 바라보고 있으면 정작 얼마를 투자하고 저축할 수 있는지 파악할 수 없다.

매월 발생하는 순이익은 저축과 투자의 종잣돈이 된다. 순이익이 순자산의 증가로 이어지는 것이다. 예를 들어보자. 김단테 씨는 이번 달 월급 300만 원 중 200만 원을 비용으로 쓰고 100만 원의 순이익이 남았다고 가정해보겠다. 이번 달 김단테 씨의 자산인 예금이 100만 원 증가했다. 즉, 순이익은 자산을 늘리고 이것은 순자산의 증가로 이어진다. 그래서 열심히 모은 돈(순이익)을 투자하고 저축해 재산(순자산)이 늘어나는 선순환 구조가 이상적인 재무 상태다.

선순환적인 재무 상태를 그림으로 나타내면 〔그림 2-1〕과 같다. 비용이 동일하다면 수익의 증가는 순이익의 증가로 이어진다. 그리고 김단테 씨의 예시에서 살펴본 것처럼 순이익은 자산의 증가로 이어진다. 부채가 동일하다면 자산의 증가는 순자산의 증가로 이어진다. 그런데 반대로 자산이 증가하면 수익도 증가하게 된다. 주식투자 금액이 늘어나면 그것에 비례해 배당 금액이 늘어나는 경우가 대표적이다. 따라서 순이익이 증가하면 순자산이 증가하고, 순자산이 증가하면 순이익이 증가하는 선순환 구조가 만들어진다.

그림 2-1 선순환적인 재무 상태

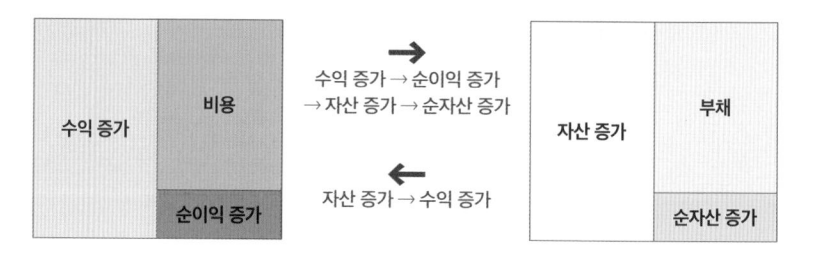

그러나 이런 선순환 구조는 만들기 어려울 뿐만 아니라 반대되는 악순환 구조로 빠져버리는 경우가 많다. 예를 들어 수익보다 비용이 많은 경우 순이익을 계산해보면 비용이 수익보다 크므로 마이너스다. 순이익이 아닌 '순손실'이 발생하는 것이다. 들어온 돈보다 쓴

돈이 많으므로 이것은 자산의 감소로 이어진다. 그리고 자산의 감소를 메우기 위해 감소한 만큼 돈을 빌리면 부채 증가로 이어진다. 결국 자산의 크기는 같은데, 부채가 증가했으므로 순자산이 감소하게 된다. 문제는 늘어난 부채로 인해 감당해야 할 이자비용도 늘어나면서 반대로 다시 비용이 늘어나게 된다는 점이다. 이런 악순환에 빠지면 늘어난 비용을 감당하기 위해 부채가 증가하고, 증가한 부채로 인해 다시 비용이 증가하는 현상이 발생한다. 악순환적인 재무 상태를 그림으로 나타내면 〔그림 2-2〕와 같다.

그림 2-2 악순환적인 재무 상태

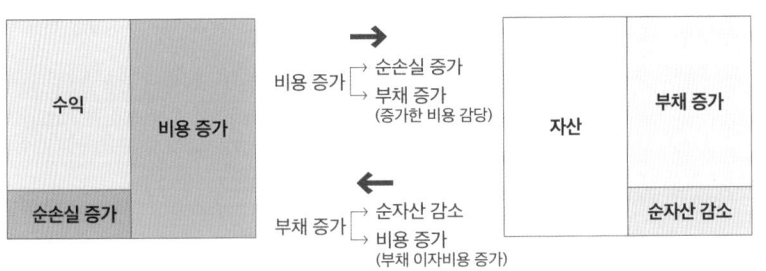

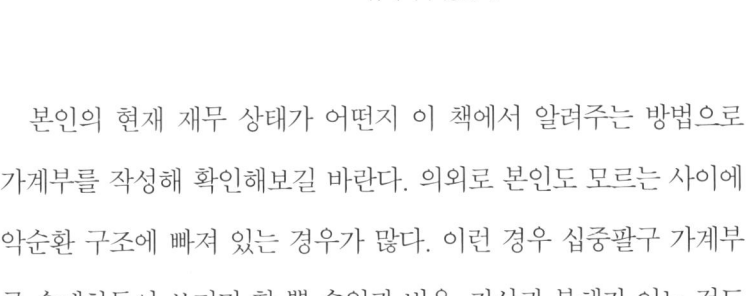

본인의 현재 재무 상태가 어떤지 이 책에서 알려주는 방법으로 가계부를 작성해 확인해보길 바란다. 의외로 본인도 모르는 사이에 악순환 구조에 빠져 있는 경우가 많다. 이런 경우 십중팔구 가계부를 숙제하듯이 쓰기만 할 뿐 수익과 비용, 자산과 부채가 어느 정도인지 파악하지 않았거나 감조차 잡지 못하는 경우가 부지기수일 것이다. 적어도 이런 악순환에 빠지지 말아야 하며 만약 빠졌다면 하루빨리 벗어날 수 있도록 몸부림을 쳐야 한다.

이상적인 재무 상태는 가계부만 열심히 써서 이룰 수 있는 것이 절대 아니다. 가계부를 열심히 쓴다면 이상적인 재무 상태인지 아닌지는 알 수 있지만, 만약 이상적인 재무 상태가 아니라면 가계부를 보고 재무 상태를 파악하면서 스스로 개선해나가야 한다. 월 수익이 적고 자산이 없다면 당연히 순이익도 적고 순자산도 적을 수밖에 없다. 일단 미미하더라도 먼저 순이익과 순자산이 모두 증가하는 재무 상태를 만든 뒤 여기에 가속도를 붙여 불려나가야 한다. 이 가속도를 붙여줄 수 있는 것이 바로 투자다. 투자를 하는 것은 '이상적인 재무 상태를 가속화'하는 것이다.

악순환적인 재무 상태는 마치 연료가 바닥난 차의 가속페달을 밟는 것과 같다. 따라서 투자를 하기 위해서는 순이익이 마이너스(순손실)고 순자산이 줄어드는 재무 상태를 하루빨리 벗어나는 것이 먼저다. 그런 뒤 종잣돈이라는 연료를 채우고 투자라는 가속페달을 밟아야 한다.

· 부채에 속지 마라

부채에 관한 이야기를 해보려고 한다. 부채에는 크게 2종류가 있다. 부채가 사용되는 목적에 따라 '자산을 증가시키는 부채'와 '비용만 증가시키는 부채'로 나눌 수 있다. 부채가 없을수록 좋지만 자본주의 사회에 사는 이상 부채를 사용하지 않을 수 없다. 이왕 부채를 사용하기로 했다면 재무 상태 개선에 유리한 방향으로 사용하는 것이 좋다.

자산을 증가시키는 부채는 부채가 증가하면서 자산도 증가한다. 대표적인 예로 부동산 관련 부채들이 있다. 예를 들어 5억 원짜리 A아파트를 매수한다고 가정해보자. 2억 원은 이미 가지고 있는 돈으로 내고 나머지 3억 원은 대출을 받아 내려고 한다. 매수 전에는 2억 원의 예금만 있으니 자산이 2억 원이고 부채가 없어 순자산도 2억 원이다. 매수 후에는 가계부에 예금 2억 원이 사라지고 '자산-비유동자산-부동산' 5억 원으로 기록되며 동시에 부채도 '부채-비유동부채-부동산대출' 3억 원으로 기록돼 자산 5억 원, 부채 3억 원이 된다. 그리고 순자산은 자산 5억 원에서 부채 3억 원을 뺀 2억이 된다.

결국 자산을 증가시키는 부채는 순자산에 변화를 주지 않는다. 이후 A아파트 가격이 오르면 부채는 그대로지만 자산이 증가하면서 순자산 역시 증가하게 된다. 이때 자산의 가치가 증가하면 순자산은 더 가파르게 증가한다. 이렇게 부채를 활용해 순자산의 증가 폭이 높아지는 것을 '레버리지 효과'라고 한다.

시간이 지나 A아파트의 가격도 10% 오르고 B기업의 주가도 10%

올랐다고 가정해보자. 5억 원이었던 A아파트 가격은 5억 5,000만 원이 됐다. 그런데 만약 과거에 2억 원으로 A아파트를 사지 않고 B기업의 주식에 투자했다면 주가가 10% 올랐으므로 2억 2,000만 원이 됐을 것이다. 부채를 활용해 아파트를 매수한 경우와 부채 없이 가지고 있는 돈 2억 원을 운용한 경우 모두 10%의 가치가 상승했다. 하지만 순자산이 증가한 금액으로 보면 3,000만 원의 차이가 발생했다. 이 3,000만 원이 레버리지 효과의 결과다.

자산을 증가시키는 부채는 레버리지 효과를 활용해 순자산의 증가를 기대할 수 있다. 이런 의미에서 꼭 나쁜 부채라고는 할 수 없다. 다만 자산의 가치가 감소하면 순자산도 더욱 빠르게 감소하는 만큼 위험도 크니 주의해야 한다. 여기에 이자비용까지 더하면 순이익이 마이너스가 되고 순자산이 감소하는 악순환적인 재무 상태에 빠질 수 있으므로 부채를 사용할 때는 신중히 검토해야 한다.

반면 비용만 증가시키는 부채는 논란의 여지 없이 나쁜 부채고 하루빨리 없애야 한다. 부채는 이자비용을 동반하기 때문에 비용 없는 부채는 없다. 그러나 부채가 오로지 비용만 동반한다면 야금야금 순자산을 갉아먹으므로 레버리지 효과라는 것은 존재하지 않는다. 대표적으로 신용카드가 비용만 증가시키는 부채다. 신용카드를 사용하는 것은 자산을 증가시키지 않고 비용을 발생시키는 행위다. 신용카드 사용액이 많아질수록 비용이 많아지므로 순이익이 적어진다. 또한 자산이 변동되지 않는다고 가정하면 신용카드를 긁을 때마다 비용과 동일한 규모로 부채가 증가해 순자산은 줄어든다.

그래서 지금 당장 돈이 나가지 않으니 '괜찮겠지'라는 생각에 신용카드를 이렇게 쓰고 저렇게 쓰다 보면 본인도 모르는 사이에 부채가 어마어마하게 불어나게 된다. 또한 사용 대금을 제때 내지 못해 리볼빙에 빠지면 매우 높은 이자비용도 지출해야 하므로 재무 상태가 더욱 악화된다. 순이익이 마이너스가 되고 순자산이 감소하는 악순환적인 재무 상태에 빠진 것이다. 이것이 비용만 증가시키는 부채의 실체다. 이런 부채들은 티가 잘 나지 않는다. 조금씩 몸집을 불리다가 거대해졌을 때는 줄이기가 매우 어렵다.

수많은 재테크 관련 책과 강연에서 신용카드를 잘라버리라고 외친다. 신용카드를 사용하는 것이 무조건 나쁜 것만은 아니다. 다만 정해진 예산 안에서만 지출할 자신이 없다면 신용카드는 사용하지 말길 바란다. 신용카드뿐만 아니라 다른 부채도 마찬가지다. 비용만 증가시키는 부채는 잘 보이지 않는 곳에서 마치 존재감이 없는 것처럼 우리를 속이고 있다. 가계부를 작성함으로써 이런 부채들을 찾아내 최대한 빨리 없애버려야 한다.

PART 3

가계부에 목표를
담아봅시다

10

목표가 필요하다

'짠테크'라는 말을 들어본 적 있는가? 짠테크는 '짜다'와 '재테크'를 합성한 말로, 극단적인 절약을 하는 재테크를 의미한다. 10원짜리 하나도 아껴가며 돈을 모으기 때문에 '짜다'의 줄임말인 '짠'을 붙여 만든 신조어다.

이뿐만이 아니다. 며칠 동안 돈을 한 푼도 지출하지 않는 '무지출 챌린지', 애플리케이션을 이용해 받은 보상으로 상품 교환권을 구매하거나 현금화하는 '디지털 폐지 줍기' 같은 돈을 아끼고 모으는 방법이 유행하고 있다.

가파르게 상승하는 물가에 비해 급여는 그대로니 재테크만으로는 살아남기가 어려워졌다. 이제는 짠 내 나도록 아껴야 하는 시대가 됐다. 그런데 아이러니하게도 아끼고 모으는 것이 유행하는 시기지만 그만큼 아끼고 모으는 것이 어려운 시기기도 하다. 날이 갈수록 세상에는 재미난 것과 맛있는 것이 많아지고 SNS에서는 왜 그리도 잘사는 사람이 많은 것인지. 마치 나 혼자만 힘들고 어려운 상황인 것 같은 기분이 들 때가 많다.

하지만 나는 오늘도 절약하기 위해 노력한다. 나의 노력을 몇 가지 말해보면 점심 비용을 아끼기 위해 매일 도시락을 싸서 다니고, 출퇴근 거리가 멀어 교통비가 많이 나오는 편이라 '알뜰교통카드'를 사용해 교통비를 아끼고 있다. 또한 휴대전화 요금제는 매월 지출되는 금액이 없는 알뜰폰 '0원 요금제'를 사용하고 있다. 이밖에도 여러 가지 짠테크를 하면서 열심히 돈을 모으고 있다.

내가 돈을 아끼고 모으는 데는 원동력이 있다. 바로 목표다. '5,000만 원 모으기'가 2023년 한 해의 내 목표다. 대략 계산해보면 목표를 이루기 위해서는 우리 부부 월급의 70%를 모아야 한다. 금액으로 환산하면 둘이 합쳐 매월 약 417만 원을 모아야 하므로 월급에서 차지하는 비중이 상당히 크다. 그리고 2023년 11월이 되어 얼마나 저축했는지 확인해보니 목표했던 5,000만 원보다 많은 돈을 모았다. 목표로 향하는 동안 여러 우여곡절이 있었지만 열심히 아끼고 모아 목표 달성 시기를 한 달 정도 앞당길 수 있었다.

목표는 강력한 힘을 가지고 있다. 목표가 돈을 아끼고 불리는 이유가 되기 때문이다. 단순히 '돈을 아끼고 모아야지'라는 생각으로 접근하면 일상 속 수많은 유혹을 이겨내고 버티기가 쉽지 않다. 유혹이 다가올 때마다 목표는 다시금 내 마음을 다잡아주고 다독여준다. 그래서 본인만의 목표를 만들어 가계부에 담아야 한다. 다시 말해 목표를 예산으로 바꿔 가계부에 반영하고 그것을 향해 잘 나아가고 있는지 파악해야 한다.

11

목표는 숫자가 아니다

엄밀히 말하면 2023년 나의 목표는 '5,000만 원 모으기'가 아니다. 나의 진짜 목표를 숫자로 표현했을 뿐이다. 목표가 숫자가 되면 이루기 어렵다. 목표를 숫자 그 자체로만 바라보기 때문이다.

'얼마를 모아야지', '투자로 얼마를 벌어야지'가 목표가 되지 않았으면 한다. 본인의 진짜 목표는 숫자가 아니라 글이나 말로 표현해야 한다. 2023년 나의 진짜 목표는 '신축 아파트 등기 치기'다. 2022년에 분양받은 아파트의 입주가 2023년에 예정돼있어 이 아파트를 내 이름으로 무사히 등기를 치는 것이 목표다. 5,000만 원은 이 목표를 달성하는 데 필요한 돈이다.

목표를 세우는 데도 순서가 있다. 뒤에서 자세히 설명하겠지만,

먼저 큰 장기 목표를 정한 뒤 그것을 이루기 위해 해마다 달성해야 할 것들을 한 해의 목표로 정한다. 예를 들어 '10년 뒤 한강이 보이는 30평대 아파트에 살기'를 큰 장기 목표로 정했다고 가정해보자. 계산해보니 이것을 이루기 위해서는 10년 뒤 40억 원이 필요하고 투자와 저축을 통해 필요한 자금을 만들기로 했다. 그래서 올 한 해에는 '1억 원 모으기'를 목표로 정했다. 그리고 이것은 목표를 숫자로 표현한 것이다.

다시 한번 말하지만 나의 진짜 목표인 '신축 아파트 등기 치기'를 금액으로 표현한 것이 '5,000만 원 모으기'다. 목표를 돈으로 표현할 수는 있지만 돈 자체가 목표일 수는 없다.

그렇다면 목표 자체를 숫자로만 설정하면 어떻게 될까? 등기 칠 아파트도 없고 그냥 한 해 동안 5,000만 원 모으는 것이 목표 그 자체라고 생각해보자. 과연 목표를 향해 잘 나아갈 수 있을까? 십중팔구 이루지 못할 것이다. 다시 말해 목표 근처에 도달할 수는 있으나 5,000만 원을 모으지는 못할 것이다. 보도 섀퍼Bodo Schafer의 목표에 대한 아이디어를 참고해 목표를 정하는 구체적인 방법을 살펴보자. 《보도 섀퍼의 돈》에서는 다음과 같이 말한다.

"당신이 목표를 확고하게 정하고, 그 목표를 달성할 계획을 글로 적으면 이미 50%는 달성한 것이다."

지금 당장 본인의 목표를 적어보자. 글로 풀어 써보고 그 목표를 이루기 위한 구체적인 계획까지 적어본다면 그보다 좋을 수 없다.

숫자로만 표현되는 목표는 사람의 의지를 약하게 만든다. 왜 꼭 5,000만 원이어야 할까? 5,000만 원을 모으지 못하면 어떻게 될까? 큰 불이익이 있을까? 그렇지 않다. 이처럼 돈 자체가 목표가 되면 아끼고 모아야 하는 동기가 약해지고 목표를 이루는 데 걸림돌로 작용한다.

반면 '신축 아파트 등기 치기'라는 목표의 관점에서 바라보면 이야기는 완전히 달라진다. 5,000만 원을 모으지 못하면 신축 아파트가 날아가기 때문이다. 분명 숫자로 표현했을 때와 동일한 목표지만 목표를 이뤘을 때와 이루지 못했을 때는 큰 차이가 있다.

이런 점이 글로 표현된 목표의 강력함이다. 목표는 반드시 글로 표현돼야 하고 가계부에 반영할 때만 숫자로 변환한다고 보면 된다. 또한 글로 표현한 목표를 눈에 잘 띄는 곳에 적어놓길 바란다. 컴퓨터 배경 화면도 좋고 개인 다이어리에 적어도 좋다. 아니면 가계부 맨 앞장에 적어도 좋다.

앞에서 목표를 세우는 데도 순서가 있다고 했다. 《보도 섀퍼의 돈》에 나오는 목표의 강력함을 아주 잘 나타내는 그림을 살펴보자. [그림 3-1]의 목표는 그리 큰 목표가 아니다. 그래서 문제가 목표 앞에 놓이면 그것을 가려 더는 보이지 않게 되므로 새 목표를 찾게 된다.

그림 3-1 작은 목표를 문제가 가리는 경우

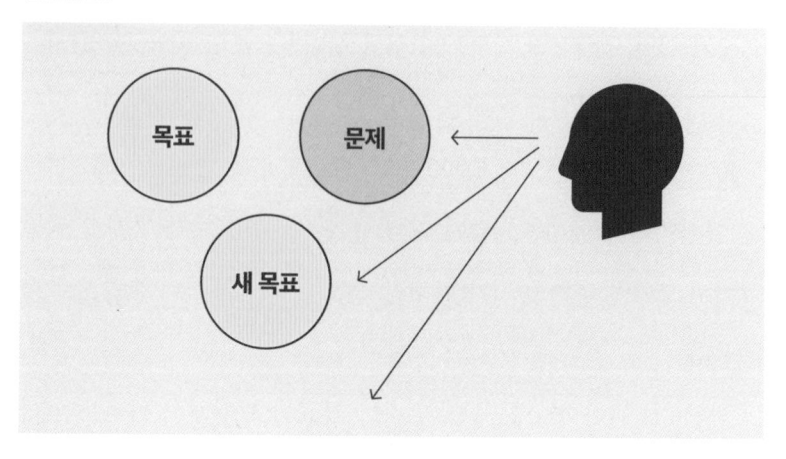

그림 3-2 큰 목표를 문제가 가리는 경우

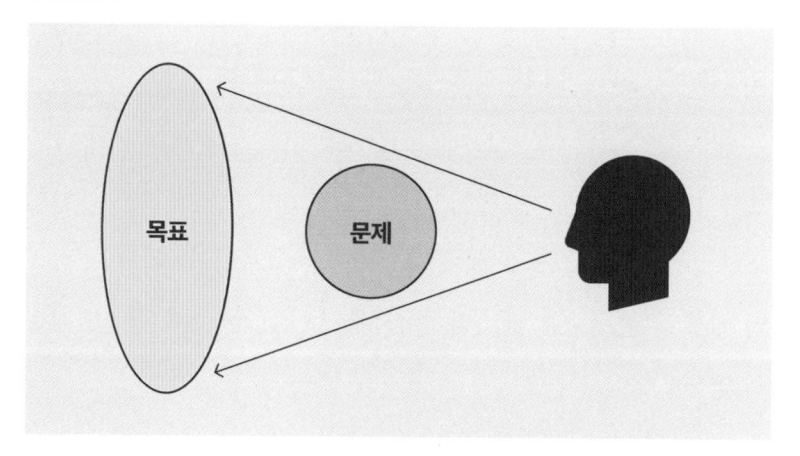

만약 목표가 크다면 어떨까? 〔그림 3-2〕를 보면 웬만한 크기의 문제가 목표 앞에 끼어들어도 목표를 가리지 못한다. 보도 섀퍼는 "커다란 부를 쌓은 사람들은 이미 일찍부터 큰 목표를 세웠던 사람들"이라고 말한다. 그렇다면 여러분의 장기 목표도 커야 하지 않을까? 간절한 마음으로 커다란 장기 목표를 먼저 세운 뒤 이어서 중기 목표, 단기 목표, 그리고 한 해의 목표순으로 세워나가자.

다음으로, 커다란 장기 목표를 세웠다면 중기, 단기, 한 해 목표는 어떤 방식으로 세우면 좋을까? 장기 목표를 돈으로 환산하고 이루고자 하는 시점을 정해 표현하면 〔그림 3-3〕같이 그래프에 위치시킬 수 있다. 원점은 현재 본인의 위치다.

그림 3-3 기간별 목표 설정 1

장기 목표까지 나아가는 것은 크게 2가지 방식으로 표현할 수 있다. 하나는 선으로 나타내는 것이고 다른 하나는 점으로 나타내는 것이다. 먼저 선으로 나타내는 '선형 목표'를 그래프에 표현하면 〔그림 3-4〕와 같다.

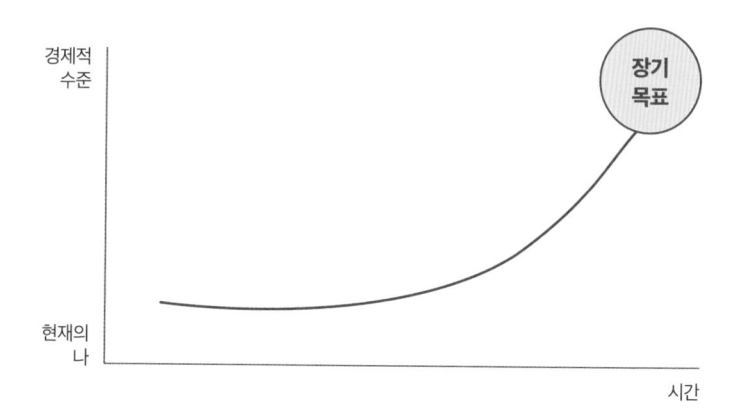

그림 3-4 기간별 목표 설정 2(선형 목표)

먼저 결혼, 출산, 육아, 사업 등 앞으로 본인의 삶 속에 있을 사건들을 미리 정리하고 이런 사건들을 그래프에 위치시킨다. 각 사건들에 돈이 얼마나 필요하고 얼마나 벌지 등을 가정하면 해마다 본인의 경제적 수준(세로축)을 나타낼 수 있고 이 점들을 선으로 연결하면 장기 목표까지 직선으로 표현된다. 이런 방식이 선형 목표다.

구채희 작가의 《갓 결혼한 여자의 재테크》 책에 나오는 '생애설계연표'가 선형 목표의 대표적인 형태다. 선형 목표의 장점은 미분이 가능하다는 것이다. 장기 목표까지 명확한 궤도가 표시돼있어 시점별로 이 궤도를 잘 따라가고 있는지 여부를 파악할 수 있다.

반면 '점형 목표'는 〔그림 3-5〕같이 듬성듬성 목표를 세우는 것이다. 먼저 장기 목표로 가기 위한 중간 목표를 정하고, 중간 목표로 가기 위한 단기 목표를 정하고, 단기 목표로 가기 위한 지금 당장 해야 할 한 해 목표를 정한다. 중간 기착점만 표시하고 목표들을 세분화해 연결하지 않는 것이 선형 목표와의 차이점이다.

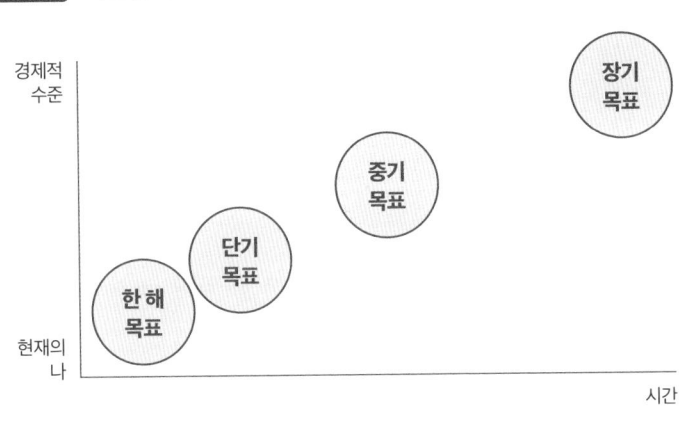

그림 3-5 기간별 목표 설정 3(점형 목표)

대신 점형 목표는 가정이 단순한데, 이것이 장점이다. 선형 목표는 목표를 정할 때 다양한 가정이 붙는다. 1년 뒤에는 이것을 하고 10년 뒤에는 저것을 한다고 가정한다. 따라서 정해놓은 삶의 사건들이 정한 시점에 맞춰 발생한다면 문제가 되지 않겠지만 예상치 못한 사건들의 연속이 우리의 삶이 아닐까? 변수가 발생할 때마다 궤도의 변경이 필요한데, 점형 목표에서 목표들은 서로 독립적이므로 변수가 발생해도 상대적으로 목표를 크게 바꿀 필요가 없다.

정답은 없다. 각자에게 맞는 방식으로 목표를 정하면 된다. 나는 점형 목표를 선호한다. 변수에 잘 흔들리지 않고 장기 목표까지 한눈에 파악하기 좋기 때문이다. 그리고 한 해에 이뤄야 할 목표에 집중해야 한다. 한 해 목표는 단기 목표 달성을 위해 구성돼있다. 장기, 중기, 단기 목표는 자세하게 작성하지 않지만 한 해 목표는 매우 자세하게 작성한다. 장기 목표라는 큰 그림만 그리고 지금 할 수 있는 것에 최선을 다하는 것이다.

우리 부부가 사는 원룸 한쪽 벽에는 우리의 목표가 붙어있다. 점형 목표로 만들어 장기 목표, 중기 목표, 단기 목표가 간단하게 적혀있다. 대신 그 밑에 한 해 목표는 세부적으로 작성돼있다. 그리고 나와 아내의 한 해 목표는 각자의 다이어리 맨 앞에 더 세부적인 계획으로 정리돼있다.

장기 목표를 가지고 있지만 그보다 짧은 기간의 목표를 어떻게 만들지 고민된다면 점형 목표로 접근해보자. 현재부터 장기 목표까지의 시간 중 절반에 해당하는 부분에 중기 목표를 정하고, 현재부터 중간 목표의 중간에 해당하는 부분에 단기 목표를 정한다. 그리고 이 단기 목표를 달성하기 위해 한 해 동안 무엇을 해야 할지 정한다. 매 연말에 이런 방식으로 다음 연도 목표를 세우면 된다. 미리 세웠던 장기 목표를 검토해 수정할 것이 있으면 반영하고 연말 시점의 자신의 재무 상태를 고려해 중간, 단기, 한 해 목표를 정하는 것이다. 이런 방식으로 매년 목표를 세우고 이루기 위해 열심히 노력한다면 성장하는 본인의 모습이 가계부에 나타날 것이다.

12

예산에 목표 담기

한 해의 목표까지 잘 세웠다면 이제 가계부에 목표를 담을 준비가 된 것이다. 이제 여러분의 목표를 가계부에 담아보자. 다시 나의 한 해 목표를 살펴보면 '신축 아파트 등기 치기'를 위해 '5,000만 원 모으기'가 목표다. 그리고 목표한 금액을 모으기 위해 매월 약 417만 원을 모아야 하는데, 이것은 월 순이익이 417만 원이 돼야 한다는 말이다. 만약 나와 아내의 월급을 합친 600만 원이 월 수익이라면 여기에서 417만 원은 모으고 183만 원만 쓸 수 있다.

이때 월 수익 600만 원은 수익 예산이 되고 지출 가능한 183만 원은 비용 예산이 된다. 이 예산들을 잘 지킨다면 무난히 한 해의 목표를 이룰 수 있다. 그런데 실제 수익은 수익 예산보다 높아야 하고 실제 비용은 비용 예산보다 낮아야 한다. 다시 말해 돈을 벌 때는 수익 예산보다 많이 벌어야 하고 돈을 쓸 때는 비용 예산보다 적게 써야 한다. 그 이유는 〔표 3-1〕을 통해 알아보겠다.

〔표 3-1〕은 가상으로 만들어본 나의 1월 손익계산서다. 표의 오른쪽을 보면 예산에 대한 내용이 추가됐는데, 이해를 돕기 위해 임시로 추가했다. 다시 말하지만 가계부는 쓰는 것이 아니라 보는 것이다. 가계부에 기록된 예산을 어떻게 활용하는지가 중요하다.

나의 연간 목표는 연 예산의 순이익에 기록된다. 최종적으로 한 해의 총 수익에서 총 비용을 제외한 순이익이 5,000만 원이 되면 한 해의 목표를 이루는 것이다.

〔표 3-1〕을 조금 더 자세히 살펴보자. 우선 수익은 월급만 있는 것으로 가정했다. 그래서 나와 아내의 급여를 합친 7,200만 원이 연 예산이 되고 이것을 12개월로 나누면 월 예산은 600만 원이 된다. 여기에서 한 해 동안 '5,000만 원 모으기' 목표를 이루려면 매월 417만 원씩 저축해야 하고 쓸 수 있는 돈은 매월 183만 원이므로 비용의 월 예산을 183만 원으로 정했다. 이것을 고정비와 변동비, 투자비로 나눴다. 그리고 투자비 예산은 없는 것으로 했고, 고정비와 변동비만 각각 연 예산을 1,500만 원과 700만 원으로 정한 뒤 12개월로 나누면 월 예산이 나온다.

예산을 정할 때는 소분류까지 정할 필요는 없다. 결국 목표는 한 해 동안 5,000만 원을 모으는 것이다. 고정비를 예로 들면 주거비가

표 3-1 가상의 손익계산서 1

분류			1월	월 예산	연 예산
수익			6,000,000	6,000,000	72,000,000
수익	근로소득		6,000,000	6,000,000	72,000,000
수익	근로소득	월급	6,000,000	6,000,000	72,000,000
		기타근로소득	—	—	—
수익	사업소득		—	—	—
수익	사업소득	사업소득	—	—	—
수익	자본소득		—	—	—
수익	자본소득	자본소득	—	—	—
수익	기타소득		—	—	—
수익	기타소득	기타소득	—	—	—
비용			2,500.000	1,833,333	22,000,000
비용	고정비		1,600,000	1,250,000	15,000,000
		주거비	640,000	—	—
		용돈	560,000	—	—
비용	고정비	통신비	160,000	—	—
		교통비	160,000	—	—
		보험료	80,000	—	—
비용	변동비		900,000	583,333	7,000,000
		기부금	100,000	—	—
		경조사비	600,000	—	—
		이자비용	—	—	—
비용	변동비	세금과공과	100,000	—	—
		의료비	—	—	—
		교육비	—	—	—
		기타	100,000	—	—
순이익			3,500,000	4,166,667	50,000,000
비용	투자비	투자비	—	—	—

단위 : 원

조금 많이 나갔다면 용돈을 아껴 비용의 월 예산 금액을 맞추면 된다. 그러니 보다 큰 단위의 예산 정하기에 집중하자.

다음으로 1월의 실제 수익과 비용의 합계를 월 예산과 비교해보자. 월급 600만 원이 들어왔으므로 수익 합계와 수익의 월 예산은 정확하게 일치한다. 반면 비용 합계는 250만 원이 되어 비용의 월 예산 183만 원을 크게 넘었다. 이로 인해 목표했던 월 순이익 예산 417만 원에 미치지 못했다. 이럴 경우를 대비해 앞에서 돈을 벌 때는 수익 예산보다 많이 벌어야 하고 돈을 쓸 때는 비용 예산보다 적게 써야 한다고 말한 것이다.

이처럼 비용이 예산을 넘었다면 예산에 맞추기 위해 비용을 줄이는 방법을 고민해야 한다. 방법은 다양할 것이다. 어디서 어떻게 줄일 수 있을지 각자의 상황에 맞게 고민해보면 된다.

또한 월 예산을 지키지 못했다고 너무 좌절하지 않아도 된다. 궁극적인 목표는 월 예산이 아닌 한 해의 목표를 이루는 것이다. 뻥 뚫려 있는 하늘을 날아가는 비행기도 출발지에서 도착지까지 정확하게 직선으로 날아가지 않는다. 왼쪽으로 치우치면 오른쪽으로 방향을 수정하고 오른쪽으로 치우치면 왼쪽으로 방향을 수정하면서 목표 지점인 도착지를 향해 끊임없이 방향을 틀면서 나아간다. 어떤 달의 순이익은 월 예산보다 적은 순이익이 발생할 수 있다. 그럼 그 다음 달에 조금 더 아껴 목표를 향해 나아가면 된다.

월 예산은 자본주의 고속도로 위에서 목표를 향해 나아가야 할 중간 기점들이다. 정해진 길에서 살짝 벗어났다고 해서 목표까지 갈 수 없는 것이 아니다. 조금 돌아가겠지만 다시 정신을 차리고 목표를 향해 나아간다면 연말에 마지막으로 가계부를 작성하는 시점이 되면 목표를 이룬 본인의 모습을 보고 감탄할 것이다. 정말 중요한 것은 월 예산이 아니라 한 해의 목표임을 잊지 말길 바란다.

보이는 가계부 작성 방법 ④

{예산서} 시트

{예산서} 시트는 수익과 비용의 한 해 목표가 표시되는 시트로, 중분류 기준 수익과 비용의 한 해 예산을 '연간예산' 열의 파란색 바탕 부분에 입력하면 된다. 그러면 나머지는 자동으로 계산된다. '연간실제'에는 연초 이후 현재까지 실제 수익과 비용의 합계 금액이 표시된다. '연간소진율'은 '연간실제'를 '연간예산'으로 나눈 값으로, 한 해 목표 금액 대비 실제 수익과 비용 금액이 어느 정도인지 비율로 알 수 있다. 그리고 오른쪽 부분에는 월별 실제 수익과 비용 금액, 예산이 표시된다. '소진율'은 월별 실제 수익과 비용을 월별 예산으로 나눈 값이다.

	A	B	C	D	E	F	G	H
1	예산서							
2					(단위 : 원)			
3		분류	연간실제	연간예산	연간소진율		1월	
4						실제	예산	소진율
5	수익		31,933,786	28,000,000	114.05%	9,946,310	2,333,333	426.27%
6	수익	근로소득	20,390,000	20,000,000	101.95%	7,084,310	1,666,667	425.06%
7	수익	사업소득	1,500,000	4,000,000	37.50%	100,000	333,333	30.00%
8	수익	자본수익	-	4,000,000	0.00%	-	333,333	0.00%
9	수익	기타수익	10,043,786	-		2,762,000		
10	비용		8,273,962	18,000,000	45.97%	1,691,746	1,500,000	112.78%
11	비용	고정비	5,016,415	13,000,000	38.59%	820,150	1,083,333	75.71%
12	비용	변동비	3,257,547	5,000,000	65.15%	871,596	416,667	209.18%
13	순이익		23,659,824	10,000,000	236.60%	8,254,564	833,333	990.55%

아끼고 불리는 방법

· 수익 늘리기 vs 비용 줄이기

매월 모아야 하는 돈, 즉 순이익을 늘리려면 어떻게 해야 할까? 방법은 2가지가 있다. 당연한 말이지만 수익을 늘리거나 비용을 줄이는 방법이다. 다시 〈콩쥐 팥쥐〉 설화 속 콩쥐가 되어 어떻게 수익을 늘리고 비용을 줄일지 고민해보자.

콩쥐는 물이 줄줄 새는 구멍 난 항아리에 아직도 물을 붓고 있다. 항아리에 물이 조금 찼다 싶으면 다시 구멍으로 모두 새어 나간다. 물이 많이 들어있지 않으면 물이 누르는 힘이 크지 않기 때문에 새는 물도 많지 않지만 물이 차오를수록 압력이 세지면서 물이 새어

나가는 속도도 빨라진다.

가계부도 마찬가지다. 수익이 많아지면 순이익도 그에 따라 증가할 것 같지만 수익은 항아리 속 물과 같아 빠져나가려는 압력이 커진다. 즉, 수익이 커진 만큼 비용도 커져 모이는 돈의 양은 크게 변하지 않는다.

따라서 순이익을 늘리기 위해서는 비용을 줄이는 것이 우선이다. 항아리의 구멍을 막는 것이 먼저인 것처럼 일단 새어 나가는 돈을 최대한 틀어막아야 수익이 쌓여 순이익으로 남는다. 또한 비용을 줄이는 것이 수익을 늘리는 것보다 쉬운 면이 있다. 〔표 3-2〕는 수익과 비용의 예산에 맞춰 매월 417만 원을 모으기 위해 열심히 절약한 나의 1월과 2월 가상의 손익계산서다. 마찬가지로 표의 오른쪽에 예산에 대한 내용은 이해를 돕기 위해 임시로 추가했다.

2월의 수익 합계는 수익의 월 예산과 동일하게 600만 원이고 비용 합계는 열심히 아껴 비용의 월 예산인 183만 원보다 적게 지출했다. 변동비가 예산을 조금 초과했으나 고정비를 아껴 비용 합계는 예산을 지킬 수 있었다.

1월과 2월의 순이익을 비교해보면 2월에는 비용에서 80만 원을 줄여 고스란히 순이익을 80만 원만큼 증가시켰다. 용돈 26만 원, 통신비 12만 원을 줄인 것이 눈에 띈다. 경조사비도 20만 원이나 줄였다. 수익은 변하지 않았지만 비용을 아껴 순이익의 월 예산을 맞춘 것이다.

표 3-2 가상의 손익계산서 2

분류			1월	2월	월 예산	연 예산
수익			6,000,000	6,000,000	6,000,000	72,000,000
수익	근로소득		6,000,000	6,000,000	6,000,000	72,000,000
수익	근로소득	월급	6,000,000	6,000,000	6,000,000	72,000,000
		기타근로소득	—	—	—	—
수익	사업소득		—	—	—	—
수익	사업소득	사업소득	—	—	—	—
수익	자본소득		—	—	—	—
수익	자본소득	자본소득	—	—	—	—
수익	기타소득		—	—	—	—
수익	기타소득	기타소득	—	—	—	—
비용			2,500,000	1,700,000	1,833,333	22,000,000
비용	고정비		1,600,000	1,100,000	1,250,000	15,000,000
		주거비	640,000	600,000	—	—
		용돈	560,000	300,000	—	—
비용	고정비	통신비	160,000	40,000	—	—
		교통비	160,000	120,000	—	—
		보험료	80,000	40,000	—	—
비용	변동비		900,000	600,000	583,333	7,000,000
		기부금	100,000	100,000	—	—
		경조사비	600,000	400,000	—	—
		이자비용	—	—	—	—
비용	변동비	세금과공과	100,000	100,000	—	—
		의료비	—	—	—	—
		교육비	—	—	—	—
		기타	100,000	—	—	—
순이익			3,500,000	4,300,000	4,166,667	50,000,000
비용	투자비	투자비	—	—	—	—

단위 : 원

반대로 비용을 80만 원 줄이는 것이 아니라 수익을 80만 원 늘린다면 어떨까? 동일하게 순이익은 80만 원이 늘어난다. 그러나 결코 쉽지 않을 것이다. 고정적인 수입 외에 부수입을 만들어야 하기 때문이다. 만약 매월 부수입 80만 원을 만들려면 퇴근 뒤 아르바이트를 하거나 사업 등을 해야 할 것이다. 즉, 수익을 늘리기 위해 시간을 추가로 투자해야 한다. 반면 비용을 줄이는 데는 시간을 추가로 투자할 필요가 없다. 비용을 줄이고자 외식을 줄이면 오히려 시간이 늘어날 수도 있다. 수익을 늘리는 것, 비용을 줄이는 것 모두 똑같이 80만 원의 순이익을 늘리는 방법이지만 비용을 줄이는 방법이 훨씬 쉽고 효율적이다.

그래서 목표를 이루기 위해 예산을 짜다 보면 필연적으로 '많이 아껴야 하는구나'라는 생각이 든다. 그리고 절약이 습관으로 변하는 순간, 수익이 늘어날 때 자산은 더 빠르게 늘어나게 된다. 자연스럽게 비용을 줄이는 게 목표 달성과 이어지는 것이다. 목표가 무엇이든 간에 절약은 목표를 이루기 위해 누구나 할 수 있으며 기본적이지만 가장 확실하고 강력한 도구라는 사실을 잊지 말자.

• 나만의 비용 줄이기 방법

어떻게 하면 비용을 줄일 수 있을지, 절약이 막막한 사람들을 위해 내가 사용하는 비용 줄이는 방법들을 공유하겠다. 그 전에 알아둘 것이 콩쥐에게는 항아리의 구멍을 막아줄 착한 두꺼비가 있었지만 우리에게는 줄줄 새는 비용을 막아줄 두꺼비 같은 존재가 없다는 사실이다. 혹여 있다 한들 비용이 새지 않도록 완벽하게 막는 방법은 없다.

나는 여러 방법으로 비용을 줄이고 있지만 크게 4가지를 언급하고 싶다. 여러분의 비용 절감에 꼭 도움이 됐으면 하는 바람을 담아 순서대로 하나씩 정리해봤다.

1. 신용카드 결제일 바꾸기

보통 신용카드 사용 대금이 빠져나가는 결제일을 어떤 날로 정하는지 생각해보자. 대부분 월급날이나 월급날 다음날로 정할 것이다. 월급이 통장에 찍히자마자 빠져나갈 때의 슬픔이란 말로 다 표현할 수 없다. 어차피 지출될 신용카드 사용 대금이라면 결제일을 조금 더 똑똑하게 바꿔보는 건 어떨까?

신용카드는 결제일이 언제인지에 따라 사용액이 정해지는 기간이 달라진다. 즉, 신용카드는 무조건 전월 한 달 동안 사용한 금액이 결제일에 빠져나가는 것이 아니다. 예를 들어 카드 결제일이 매월 21일이라면 지난달 8일부터 이번 달 7일까지의 사용액이 21일에 결제된다. 물론 카드사마다 차이는 있다.

따라서 전월 한 달 동안의 사용액이 청구될 수 있도록 결제일을 정하면 좋다. 가계부를 작성하고 결산하는 기준이 한 달이므로 한 달 동안의 정확한 신용카드 사용액을 알 수 있기 때문이다. 카드사마다 차이는 있으나 보통 14일 전후로 결제일을 정하면 전월 한 달 동안의 사용액이 청구된다. 실제로 본인의 신용카드 결제일을 바꿀 때는 카드사별 기준을 반드시 확인하길 바란다.

이렇듯 신용카드 결제일을 바꾸면 한 달 동안의 지출 금액 파악이 편해진다. 물론 신용카드로 인해 과소비가 발생하거나 지출이 통제되지 않는다면 신용카드를 사용하지 않는 것이 최고의 재테크다. 하지만 신용카드를 꼭 사용해야겠다면 결제일을 조정해 조금 더 똑똑하게 사용해보는 건 어떨까?

2. 소비 원칙 세우기

자본주의 사회에서 소비라는 행위 없이는 결코 생존할 수 없다. 그런데 아이러니하게도 너무 과도한 소비는 오히려 살아남지 못하는 요인이 되기도 한다.

자본주의 사회에서 살아남기 위해서는 적절한 수준의 소비를 유지하는 지혜가 필요하다. 원칙을 세워 효율적으로 소비하는 것이다. 둘째가라면 서러울 짠테크 실천인인 내가 세운 소비 원칙을 공유하려고 한다. 합리적인 소비생활에 도움이 되길 바란다.

① 지출 우선순위 정하기

마트에서 장을 보고 돌아왔을 때를 생각해보자. 장바구니를 열어보니 지금 당장 필요한 물건과 그렇지 않은 물건이 있고, 있어도 되고 없어도 되는 물건도 있다.

장을 보기 전에 앞서 사야 하는 물건의 목록을 만들어보자. 목록 순서는 중요도를 기준으로 정렬하면 된다. 지금 당장 필요한 물건은 가장 위로 갈 것이고 다음에 사도 되는 물건은 자연스레 밑으로 갈 것이다. 그리고 장을 볼 때는 정리한 목록에 따라 물건을 사면 된다. [표 3-3]은 정로댕 씨의 장보기 목록이다.

정로댕 씨는 당장 치약이 필요하다. 집에 있는 치약을 아무리 쥐어짜도 더는 나오지 않아 1순위로 됐다. 다음으로 세제도 한 번만 더 빨래를 하면 동이 나기 때문에 사야 한다. 식용유는 1주일 정도 사용할 분량은 남아 있어 3순위로 됐다. 그리고 비누

표 3-3 정로댕 씨의 장보기 목록

구분	순위
치약	1
세제	2
식용유	3
비누	4
과자	5

는 지금 당장 필요하지는 않지만 2주 뒤에는 다 쓸 것 같아 예산이 허락된다면 미리 사두려고 한다. 과자는 꼭 필요하지는 않지만 먹어보고 싶은 신제품이 나와 목록에 넣어봤다.

장보기 예산으로 대략 2만 원을 상한선으로 잡고 마트를 돌아다

표 3-4 정로댕 씨의 장보기 목록과 가격

구분	순위	가격
치약	1	1,000원
세제	2	1만 원
식용유	3	1만 원
비누	4	1,000원
과자	5	3,000원
합계		2만 5,000원

니며 물건들의 가격을 살펴봤다. 결과는 〔표 3-4〕와 같았다. 물건들의 가격을 다 합쳐보니 생각했던 예산 2만 원을 초과한다. 아무래도 목록에 있는 물건 전부를 사기는 어려울 것 같다.

그래서 꼭 살 필요 없는 과자를 먼저 포기하고 다음으로 비누는 2주 뒤에 사도 되니 그때 사기로 했다. 그러면 2만 5,000원에서 4,000원을 빼고 최종적으로 2만 1,000원을 지출하게 된다. 생각했던 예산 2만 원을 조금 넘겼으나 상대적으로 중요도가 낮은 물건들을 목록에서 제외해 비용을 줄일 수 있었다.

이처럼 물건을 사다 보면 예산이 부족할 수 있다. 이때는 우선순위가 낮은 물건을 포기하거나 가격이 비교적 저렴한 대체품을 찾으면 된다. 이런 식으로 지출 우선순위를 정하면 정말 필요한 물건 위주로 사게 되고 상대적으로 중요도가 덜한 물건에 대한 지출은 미루면서 전체적인 지출을 합리적으로 통제할 수 있다.

❷ 최소 기능 정하기

가전제품이나 가구처럼 비중이 크고 오래 사용할 물건을 살 때는 본인이 꼭 필요로 하는 기능들을 미리 정리해두는 것이 좋다. 이것은 본인이 절대 양보할 수 없는 최소한의 기능들이다. 그리고 물건을 살펴볼 때 이 기능들을 충족하는 상품에 어떤 것들이 있는지 목록을 만든 뒤 그중에서 예산에 맞는 상품을 선택하면 된다.

특히 가전제품이나 가구는 기능이 하나씩 추가될 때마다 그만큼 비용을 더 써야 한다. 기본적인 기능만 있는 것을 사도 사용하지 않는 기능이 태반일 가능성이 높다. 다양한 조리가 가능한 만능 밥솥을 사도 백미 조리만 하는 경우처럼 말이다. 반대로, 예를 들어 에어프라이어를 사는데 저렴한 상품을 찾다 보니 너무 적은 용량의 상품을 사서 후회할 수도 있다. 반품이 가능하면 괜찮지만 그렇지 않으면 추가적인 비용이 지출될 수도 있다.

예산이 넉넉하다면 최소 기능뿐만 아니라 추가 기능까지 갖춘 물건을 사도 문제가 되지 않는다. 하지만 예산이 넉넉하지 않다면 추가 기능은 과감히 포기하고 사용 가능한 예산 안에서 최소 기능을 갖춘 물건을 선택해야 한다. 어차피 최소 기능만 갖춘 물건을 사도 구매 목적은 달성되니까.

중고를 찾아보는 것도 좋은 방법이다. 마찬가지로 최소 기능을 충족하는 물건들의 목록을 만들고 비교해보면 좋다. 중고는 새것보다 저렴하기 때문에 가격 대비 기능이 적당한 중고를 찾는 것이 가장 싸게 사는 방법이다. 만약 본인이 원하는 최소 기능을 갖춘 중고가 없다면 새것을 사야 한다.

실제로 내가 전기밥솥을 샀던 때의 이야기를 들려주겠다. 나와 아내만 사용하므로 1~2인 용량이면 충분했다. 여기에 보온과 압력 기능 등 꼭 필요한 기능들을 정리했다. 아무래도 중고를 사는 것이 가장 싸게 사는 방법이므로 먼저 중고 거래 플랫폼에서 밥솥을 찾기 시작했다. 그런데 대부분 3~4인 용량이어서 우리의 필요에는 맞지 않았고, 원하는 밥솥이 나타날 때까지 기다릴 수 없는 상황이라 온라인에서 새것을 사기로 했다. 먼저 인터넷으로 전기밥솥을 검색하고 낮은 가격순으로 정렬했다. 그리고 검색된 목록에서 가장 첫 번째 밥솥부터 최소 기능을 만족하는지 살펴봤다. 그렇게 아내와 함께 정한 최소 기능을 갖추고 있으면서 가격도 상대적으로 저렴한 전기밥솥을 샀다.

꼭 구매가 답이 아닐 수도 있다. 냉장고, 식기세척기, 세탁기 등 가전제품을 빌려 사용할 수도 있다. 최소 기능은 충족하지만 가격 자체가 부담된다면 대여 서비스를 이용하는 것도 좋은 대안이 될 수 있다.

❸ 할인하는 것 말고 필요한 것 정하기

비용을 줄이는 가장 편하면서 확실한 방법은 '지출을 하지 않는 것'이다. 그래서 싸다고 미리 사는 것보다 싸더라도 필요한 것만 사는 것이 효율적인 지출이다.

혹시 마트에서 할인하는 음식 재료를 미리 사놓은 경험이 있지 않은가? 냉장고에 고이 모셔놨다가 한참 뒤에 발견되곤 한다. '우리 집 냉장고에 이런 것도 있었나?' 하고 생각하며 유통기한이 지나 폐기하면서 아예 사지 않았더라면 지출을 조금 더 줄일 수 있지 않았을까 하며 후회되기도 한다.

그래서 할인을 구매의 첫 번째 기준으로 삼으면 안 된다. 예를 들어 소시지를 사려고 마음먹었으면 소시지를 집어야지, 할인하는 과자를 집지 말라는 말이다. 그렇다면 할인이나 1+1 행사가 의미 있는 경우는 언제일까? 사려고 마음먹은 소시지를 사러 갔는데, 때마침 할인 행사를 해서 예상보다 싸게 살 때다. 할인하는 물건을 사는 것은 조금 더 합리적인 구매 수단으로 활용할 때로 한정해야 한다.

3. 고정비 위주로 아끼기

고정비를 줄이는 것이 변동비를 줄이는 것보다 훨씬 효과가 좋다. 왜일까? 변동비는 말 그대로 '변화하는 비용'이다. 이번 달과 다음 달, 그리고 다다음 달의 편차가 클 수밖에 없다. 변동비는 통제하기 쉬운 비용들이 아니기 때문이다.

예를 들어 대표적인 변동비로 경조사비가 있다. 만약 지인 중 누군가가 여러분에게 다음 달에 결혼을 한다며 청첩장을 주면 경조사비로 축의금이 나가야 한다. 축의금은 여러분이 의도한 대로 지출되지 않는다. 이번 달 변동비를 아낀다고 아껴도 갑자기 결혼식 축의금을 서너 번 지출하면 오히려 지난달보다 변동비가 많이 지출될 수도 있다.

반면 고정비는 뻔하다. 지난달과 이번 달, 그리고 다음 달의 고정비가 크게 다르지 않다. 매월 내는 월세가 바뀌지 않는 것처럼 말이다. 그래서 고정비를 아끼는 것이 유리하다. 한번 줄여놓은 고정비는 다음 달도, 다다음 달도 줄어든 금액으로 지출되기 때문이다. 다만 고정비를 줄이기가 쉽지 않다. 생활과 직결된 비용이 많기 때문이다. 앞서 언급했던 월세를 포함해 수도료, 가스료, 휴대전화 요금 같은 비용들을 줄인다는 것은 그만큼 생활에서 불편을 감수해야 한다는 의미다.

그래서 조금씩 줄여나가는 것이 좋다. 사람은 한 번에 큰 변화를 주면 적응하기 힘들지만 천천히 조금씩 변화에 노출되면 그 속에서 적응하고 살아간다. 고정비 중 소소하게 아낄 수 있는 것부터 먼저 챙겨보길 바란다. 휴대전화 요금제도 같은 조건이라면 알뜰폰으로 저렴한 요금제를 이용할 수 있는 것처럼 생각보다 아낄 수 있는 고정비들이 많다.

4. 변동비를 고정비처럼 지출하기

그럼 변동비는 아낄 필요가 없는 비용일까? 전혀 그렇지 않다. 통제하기 어려울 뿐이다. 그럼 변동비도 고정비처럼 지출하면 어떨까? 고정비의 절약 효과를 변동비에도 동일하게 부여하는 것이다. 예를 들어 매월 지출되는 꾸밈비나 여가 생활과 관련된 비용을 '용돈'이라는 비용 분류로 묶었다고 가정해보자. 그럼 '비용-변동비-용돈'으로 분류될 것이다. 옷을 사거나 친구와의 저녁 약속으로 지출된 비용도 모두 용돈에 해당한다.

먼저 용돈을 고정비처럼 지출하기 위해 별도의 예금계좌를 준비한다. 그리고 이 계좌에서 들어오고 나가는 돈은 수익과 비용으로 보지 않고 오로지 용돈만을 위해 쓴다. 소위 말하는 '통장 쪼개기'라고 생각해도 된다.

다음으로 매월 얼마의 용돈을 지출할지 정해야 한다. 나는 매월 50만 원을 용돈으로 정해놓았다. 매월 초에 용돈 계좌로 50만 원을 보내고 지출할 때는 용돈 계좌와 연결된 체크카드만 사용한다. 그리고 가계부에는 월초에 50만 원이 한 번에 지출된 것으로 적는다. 이렇게 하면 용돈은 더 이상 변동비가 아니다. 매월 정해진 50만 원만 가계부에 표시되기 때문이다. 그래서 용돈을 '비용-고정비-용돈'으로 분류하고 고정비처럼 취급하면 된다.

만약 이번 달 용돈을 다 써버렸다면 추가로 필요한 금액을 용돈 계좌로 이체한 뒤 가계부에 추가 용돈 금액을 적으면 된다. 다만 이런 경우가 빈번하게 발생하면 변동비를 고정비화한 의미가 없다. 되도록 본인이 정해놓은 매월 용돈 금액에 맞춰 소비하려고 노력해야 한다. 그리고 용돈을 쓰는 추이를 지켜보면서 어느 정도 고정된 금액으로 지출이 안정되면 매월 용돈 금액을 조금씩 줄이고 한 해 목표를 이루기 위한 수준까지 낮추면 된다.

나는 이 방법을 적극적으로 활용해 큰 비용을 아낄 수 있었다. 처음에는 힘들고 어려웠지만 정해진 금액 안에서 지출하려고 노력하면서 이런저런 아끼는 비법들이 쌓여 이제는 용돈 20만 원 안에서 대부분 해결이 가능해졌다. 조금씩 아끼려고 노력하다 보니 절약이 어느새 습관이 돼있었다.

마지막으로 목표를 생각하면서 비용을 줄여나가길 바란다. 앞서 목표는 강력한 힘이 있다고 했다. 절약을 하는 데도 마찬가지다. '아낄수록 올해 목표를 이룰 수 있다'라고 생각하길 바란다. 목표는 절약의 강력한 동기라는 점을 꼭 잊지 말자.

{일별 수익비용} 시트

{일별 수익비용} 시트는 월 단위로 매일 얼마를 벌었고 얼마를 썼는지 파악할 수 있는 시트다. 먼저 조회하고자 하는 월을 선택하면 해당 월의 달력이 나타나고 매일 발생한 수익은 주황색 숫자로, 비용은 초록색 숫자로 합계가 표시된다. 오른쪽 부분에는 일요일에서 토요일까지 한 주 동안의 수익과 비용 합계가 표시되며 주별 수익에서 비용을 뺀 주별 순이익도 표시된다.

	월	화	수	목	금	토		주별합계	
1	2	3	4	5	6	7		수익	250
			250.00					비용	64
	40.00		11.64		11.90			순이익	186
8	9	10	11	12	13	14		수익	316
						316.40		비용	16
		4.87	3.87			6.40	0.50	순이익	301
15	16	17	18	19	20	21		수익	392
						392.03		비용	24
	1.42	6.68		-1.85	2.74	0.26	14.44	순이익	368
22	23	24	25	26	27	28		수익	26
				6.20	20.00			비용	15
	1.10			12.20		1.59		순이익	11
29	30	31						수익	649
			10.00	0.00	612.00	9.30	17.20	비용	170
			120.00	40.00		10.07		순이익	478
								수익	-
								비용	3
					0.75	2.45		순이익	- 3

*주황색은 수익, 초록색은 비용

PART 4

가계부를 편하게
써봅시다

매일 쓰지 않는 가계부

안 그래도 쓰기 귀찮은 가계부인데, 매일 쓰지 않아도 된다면 쓸 만하지 않을까? 수익이나 비용이 발생하면 가계부에 적어야 한다. 자본주의 사회에서는 소비가 필수이므로 돈을 벌고 사용하지 않고 서는 하루도 버티기가 힘들다. 다시 말해 하루도 가계부를 쓰지 않을 날이 없다.

자산과 부채는 가계부에 주기적으로 적으므로 매일 기록할 필요가 없다. 수익도 매월 정해진 날에 받는 월급이 대부분이므로 적는데 큰 어려움이 없을 것이다. 문제는 소비, 즉 비용이다. 비용 중에서도 변동비가 아주 문제다. 고정비야 월에 한 번 나가고 언제 얼마나 지출될지 뻔해 기록하는 게 크게 귀찮지 않다. 그런데 변동비는 수시로 발생하므로 자주 발생하면 그만큼 가계부에 자주 적어야 한다. 금액의 크기와 상관없이 지출 건수만큼 가계부에 적어야 한다.

예시로 정로댕 씨의 변동비 지출 내역을 살펴보자. [표 4-1]은 정로댕 씨가 1월 첫 주 동안 변동비 중 간식비와 꾸밈비, 외식비를 지출한 내역이다.

표4-1 **정로댕 씨의 변동비 지출 내역 1**

날짜	분류	금액	내용
2023년 1월 1일	간식비	2,000원	편의점에서 과자 구매
2023년 1월 2일	외식비	6,500원	점심 약속
2023년 1월 3일	간식비	4,500원	카페에서 커피 마심
2023년 1월 4일	꾸밈비	1만 원	티셔츠 구매
2023년 1월 5일	외식비	3만 원	저녁 약속
2023년 1월 6일	꾸밈비	1만 5,000원	미용실에서 머리 자름
2023년 1월 7일	꾸밈비	3,000원	양말 구매
2023년 1월 7일	간식비	1,000원	편의점에서 아이스크림 구매

1월 첫 주 동안 총 7만 2,000원을 지출했다. 금액이 그리 큰 지출들은 아닌 것 같은데, 건수로 보니 8건이나 되고 하루도 비용이 발생하지 않은 날이 없으니 가계부에 매일 적어야 한다. 비슷한 소비가 한 달 동안 4주 내내 이어진다면 간식비와 꾸밈비, 외식비와 관

련된 내용만 적어도 32건(8건×4주)이 되고 1월 한 달 동안 지출한 합계 금액은 총 28만 8,000원(7만 2,000원×4주)이 될 것이다.

그런데 이 3가지 변동비에는 공통점이 있다. 생활에 반드시 지출해야 하는 소비 항목은 아니라는 점이다. 삶의 질을 올리는 데 소비하는 항목들이며 다시 말해 '소소한 행복'을 추구하는 데 드는 비용들이다. 그런 의미에서 3가지 변동비를 묶어 '용돈'이라는 하나의 소분류로 적으면 어떨까? 그리고 이 용돈만을 위한 예금계좌를 하나 만든다. 이 계좌는 '용돈 계좌'이므로 용돈만 들어가있고 가계부의 수익과 비용을 인식하는 다른 예금계좌와는 별개로 취급한다. 예를 들어 1월 첫날에 용돈 계좌로 28만 8,000원을 이체한 뒤 〔표 4-2〕같이 정리할 수 있다.

표 4-2 **정로댕 씨의 변동비 지출 내역 2**

날짜	분류	금액	내용
2023년 1월 1일	용돈	28만 8,000원	간식비, 꾸밈비, 외식비 등

1월 한 달 동안 쓸 용돈을 모두 선비용으로 가계부에 적는다. 실제로 돈을 쓸 때는 용돈 계좌와 연결된 체크카드를 사용하면 된다. 이미 모두 비용으로 가계부에 반영된 상태이므로 용돈을 쓸 때마다 가계부에 다시 적을 필요가 없다. 만약 한 달 동안 얼마만큼의 용돈

이 지출될지 모르겠다면 과거에 용돈으로 지출된 내역의 합계를 계산해보면 된다. 월별로 계산해 3개월 평균값을 기준으로 한다.

그런데 어디서 많이 본 방법이다. PART 3-13의 아끼고 불리는 방법 중 변동비를 아끼는 방법과 동일하다. 나는 이것을 '변동비의 고정비화'라고 부른다. 변동비를 고정비화하면 지출을 통제할 수 있다는 장점 외에도 가계부를 쓰기 편해진다는 장점이 있다.

〔표 4-1〕처럼 1주에 8건을 적었다면 4주면 32건을 적어야 했으나 변동비의 고정비화를 통해 〔표 4-2〕처럼 한 달에 1건만 적으면 되도록 간편화했다. 용돈이라는 변동비에 한해 가계부 쓰는 시간을 1/32로 줄인 것이다. 나는 이런 방식으로 가계부를 쓰는 데 드는 시간을 최소화하고 있다.

다만 성격이 다른 변동비들을 무턱대고 모두 합쳐버리면 재무 상태를 파악하는 데 방해가 된다. 성격이 비슷한 변동비끼리 합쳐 고정비화한 뒤 월초에 한 번 가계부에 비용으로 적는다. 특히 간식비처럼 금액은 크지 않으나 건수가 빈번한 변동비를 중점적으로 묶어 고정비화하면 효율성이 아주 좋다.

애플리케이션 활용하기

　자산과 부채는 가계부에 보통 한 달에 한 번만 적으면 된다. 하지만 수익과 비용을 수시로 발생하며 그만큼 가계부에 적는 횟수도 많다. 그때마다 엑셀 파일을 열어 내용을 입력해야 한다면 어떨까? 생각만 해도 번거롭고 귀찮다. 조금 더 편하게 작성할 수 있는 방법이 없을까?

　스마트폰이라는 손안의 작은 컴퓨터는 이미 대중화된 지 오래다. 시간과 장소에 구애받지 않고 개인용 컴퓨터가 하던 있을 대부분 할 수 있게 됐고, 그런 점에서 스마트폰이야말로 가계부 작성에 최고로 활용하기 좋은 도구다.

　수많은 스마트폰 가계부 애플리케이션 중 내가 사용하고 있는

'편한가계부'의 사용법을 공유하고자 한다. 먼저 '편한가계부' 애플리케이션을 다운로드한 뒤 기본 설정을 해야 한다. 앞서 살펴본 수익과 비용의 분류를 애플리케이션에도 동일하게 적용하기 위한 설정이다. 구체적인 방법을 알아보자.

1 편한가계부 실행 후
하단의 [더보기] 누르기

2 [설정관리] 누르기

3 [소분류 기능] ON으로 변경 후
[수입분류 관리] 누르기

**상단의 [+]를 눌러
분류 추가하기**

**상위 분류명 입력 후
[저장하기] 누르기**

생성된 상위 분류명 누르기

**상단의 [+]를 눌러
하위 분류 추가하기**

**하위 분류명 입력 후
[저장하기] 누르기**

**생성된 목록의 이름을 수정할 때는
연필 아이콘을 누르고 삭제할 때는
마이너스 아이콘 누르기**

또한 '편한가계부'는 여러 금융 애플리케이션과 연동해 수익과 비용, 즉 은행 예금계좌로 들어오는 돈과 나가는 돈이 발생하면 자동으로 반영되도록 할 수 있다. 설정하는 방법은 다음과 같다.

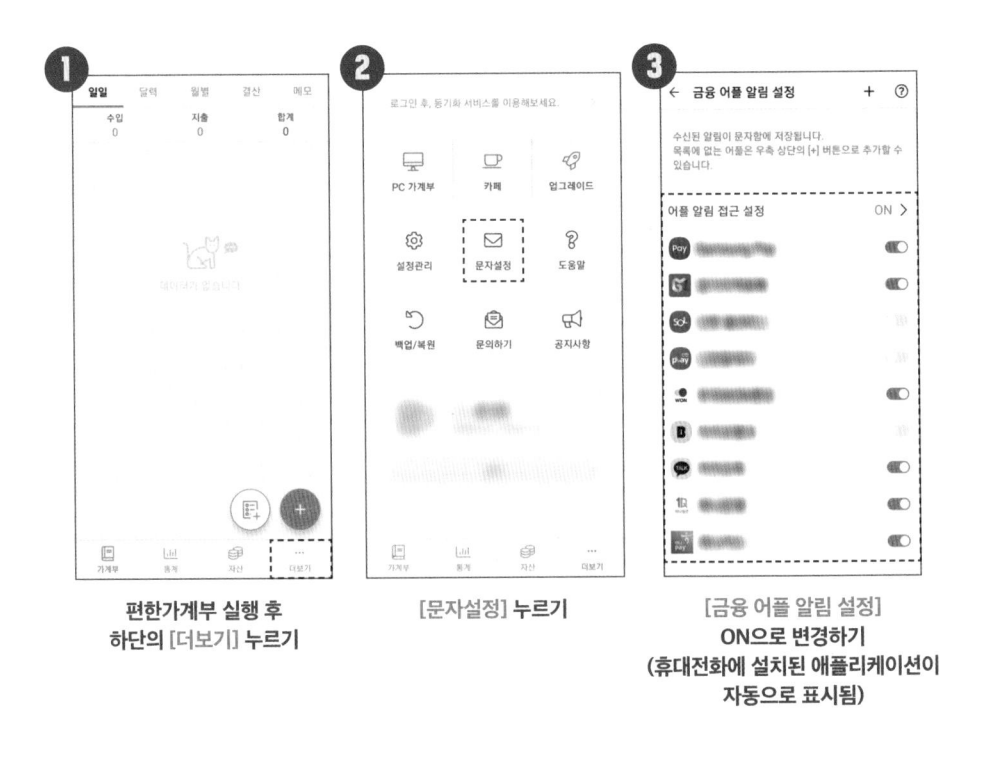

편한가계부 실행 후
하단의 [더보기] 누르기

[문자설정] 누르기

[금융 어플 알림 설정]
ON으로 변경하기
(휴대전화에 설치된 애플리케이션이
자동으로 표시됨)

예를 들어 '편한가계부'에서 A은행의 알람을 켜두면 A은행 예금계좌로 돈이 들어오거나 나갈 때 오는 알람을 인식해 애플리케이션에 날짜와 금액을 포함한 내용이 반영된다. 나는 변동비를 고정비화하기 위해 만든 계좌의 금융사는 '편한가계부'와 연동시키지 않고 나머지 금융사만 연동시켜놓았다. 이렇게 함으로써 고정비화된 변동비가 지출될 때마다 '편한가계부' 애플리케이션이 인식하는 것을 막고, 다른 수익이나 비용은 자동으로 반영하게 해서 가계부를 편하게 작성하고 있다.

다만 '편한가계부' 애플리케이션이 모든 것을 완벽하게 자동으로 반영하지는 못하므로 직접 확인해 빈 부분은 채우고 잘못된 부분은 수정해줘야 한다. '편한가계부'에 수기로 입력하는 방법은 다음과 같다.

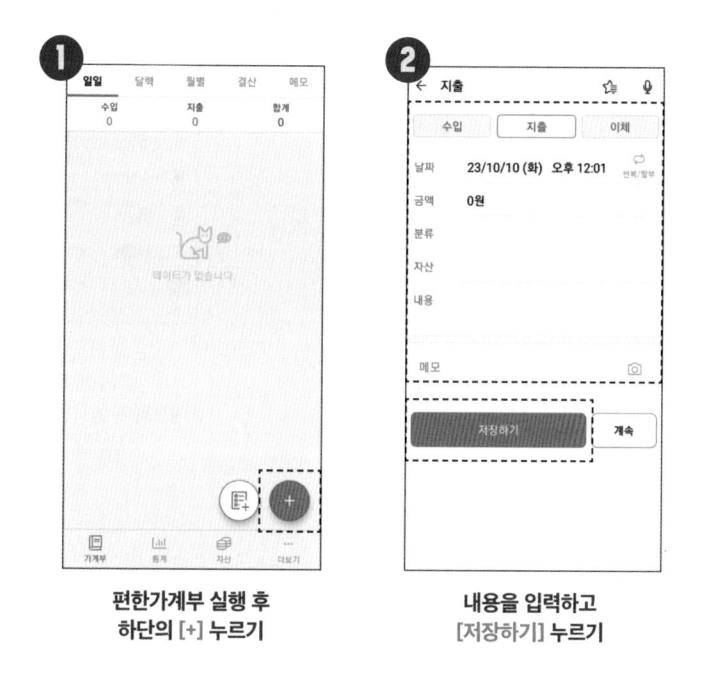

**편한가계부 실행 후
하단의 [+] 누르기**

**내용을 입력하고
[저장하기] 누르기**

이처럼 가계부 애플리케이션을 사용하면 수익과 비용이 발생할 때마다 바로바로 적을 수 있어 깜박하고 놓치는 것들이 크게 줄어든다. 그뿐만 아니라 다른 금융사와 연동돼 작성 시간도 크게 줄일 수 있다. 꼭 '편한가계부' 애플리케이션이 아니어도 괜찮다. 수많은 가계부 애플리케이션이 있으니 이것저것 사용해보고 본인에게 가장 편한 것을 고르면 된다.

16

재무 상태
자동으로 계산하기

자산이나 부채가 거의 없다면 가계부 애플리케이션만 사용해도 충분할 것이다. 하지만 자본주의 사회에서 투자하기로 마음먹었다면 투자한 자산을 잘 관리해야 하고 어디서 어떻게 생길지 모를 부채도 관리가 필요하다. 그런데 안타깝게도 애플리케이션으로는 은행 예금계좌 같은 일부 자산과 카드 같은 일부 부채만 파악하고 관리할 수 있다는 한계가 있다. 따라서 자산과 부채는 애플리케이션으로 작성하지 않겠다.

나는 엑셀을 사용한다. 엑셀을 사용하면 내가 원하는 방식대로 원하는 만큼 정리할 수 있어 자산과 부채를 관리하기에 이만한 방법이 없다. 또한 표 형태로 돼있어 입력과 정리하기가 편하며 수식을 활용해 한 시트에 기록하면 다른 시트에 자동으로 반영되는 등 여러 편리한 점이 많다. 그런데 여기에서 의문이 생길 수 있다.

'애플리케이션에 작성하고 엑셀에 또 작성하면 일을 두 번 하는 거 아닌가?'

맞다. 일을 두 번 하게 된다. 다만 하나부터 열까지 똑같은 일을 두 번 반복하지는 않는다. '편한가계부'에서 다음 순서대로 실행하면 그동안 애플리케이션에 작성한 내용을 엑셀 파일로 받을 수 있다.

편한가계부 실행 후 하단의 [더보기] 누르기

[백업/복원] 누르기

[메일로 엑셀파일 내보내기] 누르기

그리고 '편한가계부'에서 받은 엑셀 파일의 내용을 복사해 '보이는 가계부' 엑셀 파일에 그대로 붙여 넣으면 손익계산서에 자동으로 반영된다(71쪽 참조). 이렇게 하면 가계부 애플리케이션에서 작성한 내용을 '보이는 가계부'로 옮겨 작성하기까지 1~2분만 투자하면 된다.

〔그림 4-1〕은 정로댕 씨의 2023년 1월 1일부터 8일까지의 비용 내역을 '편한가계부'에서 엑셀 파일로 받은 내용이다. 이것을 '보이는 가계부'의 {수익비용} 시트에 파란색 부분에 붙여 넣으면 손익계산서에 자동으로 반영되지만 어떻게 반영되는 것인지 그 원리를 알아두면 좋다. 추후 필요에 따라 가계부에 표시된 수치들을 활용할 수 있기 때문이다. 하지만 엑셀의 수식까지 알고 이해하는 것이 어렵고 머리가 아프다면 여기부터 145쪽까지 글은 굳이 읽지 않고 넘어가도 된다.

그림 4-1 정로댕 씨의 '편한가계부' 엑셀 파일 예시

	A	B	C	D	E	F	G	H	I	J	K
1	날짜	자산	분류	소분류	내용	KRW	수입/지출	메모	금액	화폐	자산
2	2022-01-01		고정비	용돈		72000	지출		72000	KRW	
3	2022-01-02		고정비	주거비	월세	500000	지출		500000	KRW	
4	2022-01-03		고정비	주거비	가스비	20000	지출		20000	KRW	
5	2022-01-07		변동비	경조사비	결혼식 축의	100000	지출		100000	KRW	
6	2022-01-08		변동비	경조사비	장례식 조의금	100000	지출		100000	KRW	

먼저 새로운 엑셀 파일의 빈 시트에 〔그림 4-1〕 내용을 복사해 똑같이 붙여 넣는다. 1일부터 8일까지 발생한 비용은 총 5건이고 크게 고정비와 변동비로 나눠진다. 고정비는 다시 용돈과 주거비로 분류

되고 변동비는 경조사비 하나만 지출됐다. 이것을 '보이는 가계부'의 손익계산서 양식으로 정리하면 〔그림 4-2〕 아래에 있는 표와 같다.

그림 4-2 정로댕 씨의 '편한가계부' 엑셀 파일을 활용한 손익계산서 예시 1

	A	B	C	D	E	F	G	H	I	J	K
1	날짜	자산	분류	소분류	내용	KRW	수입/지출	메모	금액	화폐	자산
2	2022-01-01		고정비	용돈		72000	지출		72000	KRW	
3	2022-01-02		고정비	주거비	월세	500000	지출		500000	KRW	
4	2022-01-03		고정비	주거비	가스비	20000	지출		20000	KRW	
5	2022-01-07		변동비	경조사비	결혼식 축의	100000	지출		100000	KRW	
6	2022-01-08		변동비	경조사비	장례식 조의금	100000	지출		100000	KRW	
7											
8			분류		1월						
9	비용										
10	비용	고정비									
11	비용	고정비	용돈								
12	비용	고정비	주거비								
13	비용	변동비									
14	비용	변동비	경조사비								

〔그림 4-2〕의 1월 금액 셀을 채우기 위해 SUM 함수와 SUMIF 함수를 이용해보자. SUM은 정해진 범위의 합계를 계산하는 함수고 여기에 IF가 붙은 SUMIF는 범위 안에서 조건에 맞는 부분만 합계를 계산하는 함수다.

SUM(합계) : 지정된 범위의 합계를 계산한다.

예를 들어 〔그림 4-3〕같이 엑셀 파일에 1~5까지 숫자를 입력한 뒤 이것의 합계를 SUM 함수를 이용해 계산해보자. 합산할 숫자가 있는 셀의 범위는 1이 있는 B2부터 5가 있는 B6까지다. 합계를 계산할 셀에 먼저 '='를 입력한 뒤 'SUM(B2:B6)'를 입력하고 엔터키를 누르면 된다.

SUM 함수 예시

SUMIF(찾을 범위, 찾는 값, 합계 범위) : 지정된 범위 안에서 조건에 맞는 부분의
합계를 계산한다.

　SUMIF 함수는 범위 안에서 조건에 맞는 부분의 합계를 계산한
다. 〔그림 4-4〕의 숫자 1~5중 분류가 A에 해당하는 부분의 숫자 합
계만 계산하도록 수식을 만들어보자. SUMIF 함수는 별도의 표를 만
들어 계산해보겠다. 먼저 A~C까지 분류가 적혀 있는 셀의 범위는
A2부터 A6까지다. 다음으로 콤마를 입력한 뒤 〔그림 4-4〕처럼 오른
쪽에 있는 별도의 표에서 A가 있는 셀의 위치를 입력한다. 그리고 다
시 콤마를 입력한 뒤 합산할 숫자가 있는 셀의 범위를 입력하면 된
다. 정리하면 A의 합계를 계산할 셀에 '=SUMIF(A2:A6,D3,B2:B6)'
를 입력하고 엔터키를 누르면 된다. SUMIF 함수를 이용한 위 수식
을 말로 풀어 설명하면 'A2:A6에서 D3와 값이 같은 행의 B2:B6 값
들의 합계를 계산해주세요'라고 할 수 있다.

그림 4-4 SUMIF 함수 예시

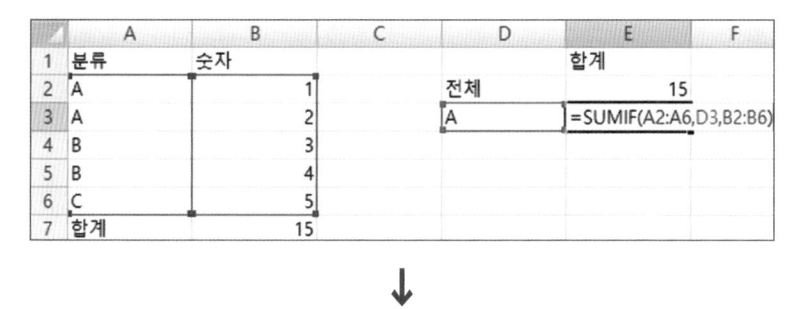

	A	B	C	D	E	F
1	분류	숫자			합계	
2	A		1	전체		15
3	A		2	A	=SUMIF(A2:A6,D3,B2:B6)	
4	B		3			
5	B		4			
6	C		5			
7	합계		15			

↓

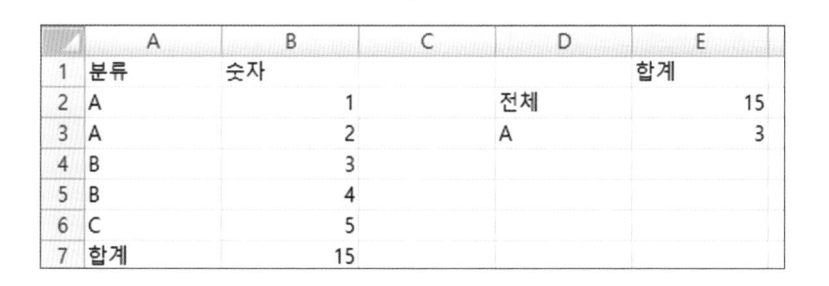

	A	B	C	D	E
1	분류	숫자			합계
2	A	1		전체	15
3	A	2		A	3
4	B	3			
5	B	4			
6	C	5			
7	합계	15			

　이제 SUM 함수와 SUMIF 함수를 이해했으리라 생각한다. 그럼 먼저 SUMIF 함수를 이용해 〔그림 4-2〕 손익계산서의 용돈, 주거비, 경조사비의 1월 금액 합계를 계산해보자. 용돈을 예로 들면 용돈의 분류가 적혀 있는 D2:D6를 조건으로 하고 '용돈'이 있는 셀의 위치 C11을 입력해 비용 지출 내용 중 용돈에 해당하는 것만 합계를 계산하도록 했다. 이어서 지출한 금액이 적혀 있는 I2:I6를 범위로 지정하면 해당 범위의 금액 중 용돈의 합계가 계산된다. 정리하면 D11 셀에 '=SUMIF(D2:D6,C11,I2:I6)'를 입력하고 엔터키를 누르면 된다. 동일한 방법으로 주거비와 경조사비도 계산할 수 있다.

위 수식에서 나머지는 같고 C11만 '주거비'에 해당하는 C12로, '경조사비'에 해당하는 C14로 수정하면 된다.

그림 4-5 정로댕 씨의 '편한가계부' 엑셀 파일을 활용한 손익계산서 예시 2

	A	B	C	D	E	F	G	H	I	J	K
1	날짜	자산	분류	소분류	내용	KRW	수입/지출	메모	금액	화폐	자산
2	2022-01-01		고정비	용돈		72000			72000	KRW	
3	2022-01-02		고정비	주거비	월세	500000	지출		500000	KRW	
4	2022-01-03		고정비	주거비	가스비	20000	지출		20000	KRW	
5	2022-01-07		변동비	경조사비	결혼식 축의	100000	지출		100000	KRW	
6	2022-01-08		변동비	경조사비	장례식 조의금	100000	지출		100000	KRW	
7											
8			분류	1월							
9	비용										
10	비용	고정비									
11	비용	고정비	용돈	72000							
12	비용	고정비	주거비	520000							
13	비용	변동비									
14	비용	변동비	경조사비	200000							

다음으로 고정비의 합계는 용돈과 주거비를 합친 금액이므로 SUM 함수를 이용해 [그림 4-6]같이 계산했다. 변동비도 같은 방법으로 계산하면 된다. 각각 D10 셀에 '=SUM(D11:D12)'를, D13 셀에 '=SUM(D13)'을 입력하고 엔터키를 누르면 된다.

그림 4-6 정로댕 씨의 '편한가계부' 엑셀 파일을 활용한 손익계산서 예시 3

	A	B	C	D	E	F	G	H	I	J	K
1	날짜	자산	분류	소분류	내용	KRW	수입/지출	메모	금액	화폐	자산
2	2022-01-01		고정비	용돈		72000			72000	KRW	
3	2022-01-02		고정비	주거비	월세	500000	지출		500000	KRW	
4	2022-01-03		고정비	주거비	가스비	20000	지출		20000	KRW	
5	2022-01-07		변동비	경조사비	결혼식 축의	100000	지출		100000	KRW	
6	2022-01-08		변동비	경조사비	장례식 조의금	100000	지출		100000	KRW	
7											
8			분류	1월							
9	비용										
10	비용	고정비		592000							
11	비용	고정비	용돈	72000							
12	비용	고정비	주거비	520000							
13	비용	변동비		200000							
14	비용	변동비	경조사비	200000							

마지막으로 비용 전체의 합계는 고정비와 변동비를 모두 합쳐 계산한다. D9 셀에 '=SUM(D10,D13)'을 입력하고 엔터키를 누르면 된다.

그림 4-7 **정로댕 씨의 '편한가계부' 엑셀 파일을 활용한 손익계산서 예시 4**

	A	B	C	D	E	F	G	H	I	J	K
1	날짜	자산	분류	소분류	내용	KRW	수입/지출	메모	금액	화폐	자산
2	2022-01-01		고정비	용돈		72000	지출		72000	KRW	
3	2022-01-02		고정비	주거비	월세	500000	지출		500000	KRW	
4	2022-01-03		고정비	주거비	가스비	20000	지출		20000	KRW	
5	2022-01-07		변동비	경조사비	결혼식 축의	100000	지출		100000	KRW	
6	2022-01-08		변동비	경조사비	장례식 조의금	100000	지출		100000	KRW	
7											
8		분류		1월							
9	비용			792000							
10	비용	고정비		592000							
11	비용	고정비	용돈	72000							
12	비용	고정비	주거비	520000							
13	비용	변동비		200000							
14	비용	변동비	경조사비	200000							

위와 같은 방법을 이용하면 자동으로 계산돼 손익계산서에 반영되도록 할 수 있다. 또한 재무상태표에도 자동으로 반영되도록 할 수 있다. 처음 수식을 만드는 과정에서 시간이 많이 들 수 있으나 한번 만들어놓은 뒤에는 자료만 추가하면 되니 가계부를 쓰는 시간이 크게 줄어든다. '보이는 가계부'에서는 이 과정이 모두 자동으로 이뤄진다.

PART 5

가계부를
활용해봅시다

●●●

이쯤 되면 궁금할 것이다. 이 책을 쓴 내 가계부의 실제 모습은 어떨지 말이다. 나의 재무 상태가 정리돼있는 자료이므로 직접적으로 보여줄 수는 없지만 수익과 비용, 자산과 부채를 '보이는 가계부'에 기록하고 그것에 따라 손익계산서와 재무상태표에 반영하고 있다. 그리고 나의 가계부는 손익계산서와 재무상태표로 끝나지 않는다. [그림 5-1]처럼 다양한 지표를 만들어 그래프로 표현해 관찰하고 있다.

다시 강조하지만 가계부는 쓰는 것이 아니라 보는 것이다. PART 1~4까지는 쓰는 것에 중점을 뒀지만 PART 5부터는 가계부를 어떻게 보면 좋을지 살펴보려고 한다. 가계부를 '본다'라는 말의 의미는 말 그대로 가계부를 뚫어지게 쳐다본다는 의미가 아니다. 지금까지 수익과 비용, 자산과 부채를 적어 손익계산서와 재무상태표를 만들고 예산을 정해 가계부를 작성했다. 가계부를 본다는 것은 작성한 이 자료들을 활용해 시각적으로 표현하고 그 속에서 의미를 찾아내는 것이다. 이것이 바로 가계부를 '보는' 것이다.

그림 5-1 나의 가계부 대시보드

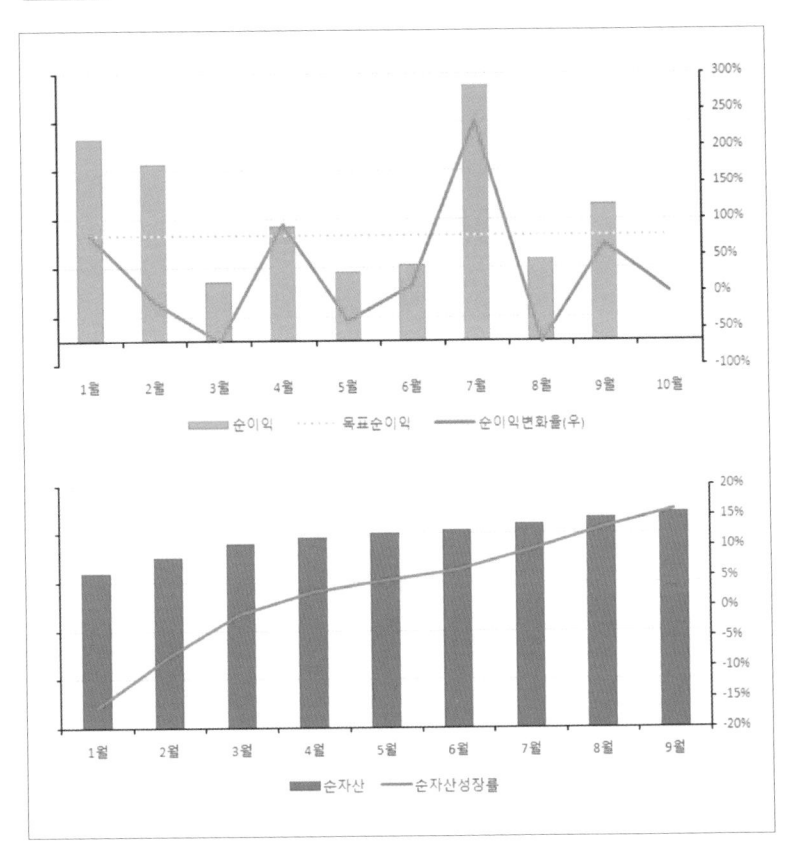

이번 파트에서는 내가 가계부를 쓰면서 제대로 보기 위해 만들었던 여러 가지 지표 중 활용하면 좋은 지표들을 소개하겠다. 모든 지표의 자료는 손익계산서와 재무상태표를 기초로 한다. 그래서 본인의 손익계산서와 재무상태표가 준비된 상태에서 적용한다면 더욱 의미 있게 다가올 것이다.

17

얼마를 모았을까?

투자를 하기 위해서는 종잣돈이 필요하다. 그리고 이 종잣돈을 만들기 위해서는 저축을 해서 돈을 모아야 한다. 그러면 얼마를 저축하는 것이 좋을까? 저축의 원천은 수익에서 비용을 차감한 순이익이다. 매월 남는 돈이 많을수록 저축할 수 있는 돈이 많아지기 때문이다. 얼마나 모았는지 가계부를 통해 보기 위해 순이익을 시각적으로 나타내보자.

앞서 수익과 비용을 이야기하면서 손익계산서를 만들고 거기에서 어떻게 순이익을 계산하는지 살펴봤다. 숫자로만 보면 한눈에 들어오지 않으니 그래프로 그려보면 어떨까? 〔표 5-1〕은 정로댕 씨의 1년 동안 발생한 수익과 비용, 순이익을 가상으로 만들어본 자료다.

표5-1 정로댕 씨의 1년 동안 수익·비용·순이익

구분	1월	2월	3월	4월	5월	6월	7월	8월	9월	10월	11월	12월
수익	250	250	250	250	250	250	250	250	250	250	250	250
비용	93	74	70	70	108	98	106	69	86	76	72	97
순이익	157	176	180	180	142	152	144	181	164	174	178	153

단위 : 만 원

그림 5-2 정로댕 씨의 1년 동안 순이익 추이

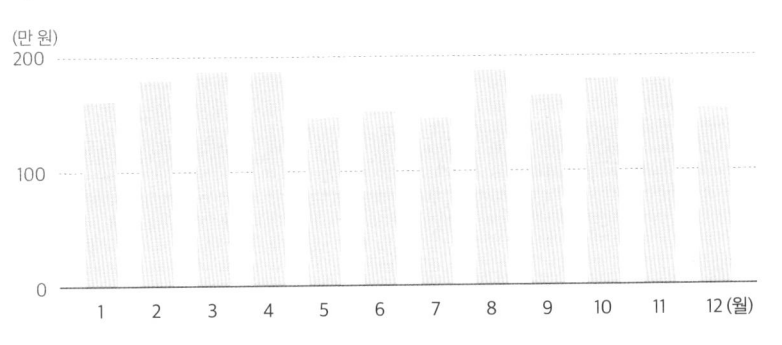

그리고 이 자료를 바탕으로 〔그림 5-2〕같이 매월 순이익을 막대 그래프로 그려봤다. 그래프를 통해 매월 발생한 순이익의 추이를 살펴볼 수 있다. 적어도 100만 원 이상의 순이익이 발생했으며 5월에서 7월까지는 다른 달에 비해 지출이 많았던 것인지 순이익이 비교적 적은 것을 확인할 수 있다. 이 기간을 제외하면 매월 150만 원 이상의 순이익이 발생했다.

순이익을 금액으로 볼 수도 있지만 수익과 비교해서 볼 수도 있다. 순이익을 수익으로 나눠 수익 안에서 순이익이 차지하는 비중으

로 표현하는 것이다. 순이익의 비율을 나타내는 것이므로 '순이익
률'이라고 하겠다. 정로댕 씨의 매월 순이익률을 계산해 막대그래프
로 그려보면 [그림 5-3]과 같다.

그림 5-3 정로댕 씨의 1년 동안 순이익률 추이

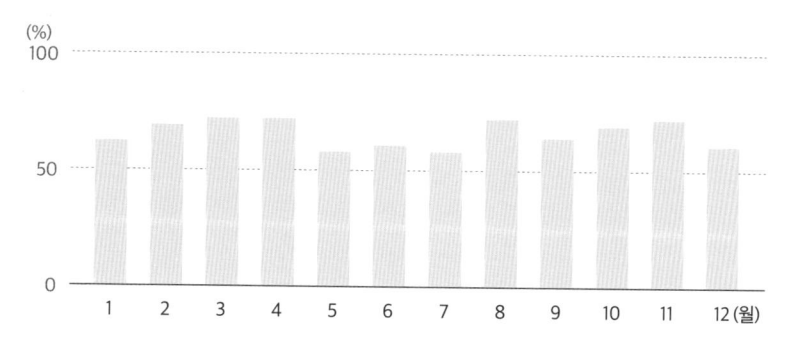

[그림 5-3]을 해석해보면 매월 적어도 수익의 절반 이상이 순이
익으로 남았음을 알 수 있다. 즉, 매월 벌어들이는 수입에서 어느 정
도 저축하고 있는지 알고 싶다면 순이익률을 계산해보면 된다.

지금까지는 정로댕 씨의 순이익을 매월 기준으로 살펴봤다. 매월
벌어들인 돈에서 쓰고 남은 돈은 순이익이 되어 예금계좌에서 자산
이 된다. 이 돈은 예·적금 상품에 저축하거나 주식에 투자할 수 있
는 투자자산의 원천이 된다.

순이익이 계속 발생하면 그만큼 자산도 계속 증가한다. 즉, 매월
발생하는 순이익을 누적해서 보는 것도 의미가 있다.

〔그림 5-4〕는 연초 이후 해당 월까지 발생한 순이익을 합친 누적 순이익을 그림으로 표현한 것이다. 예를 들어 정로댕 씨의 3월 누적 순이익은 1월에서 3월까지 발생한 순이익을 합친 513만 원이 된다. 3월까지 순이익 513만 원이 자산으로 남은 것이다.

그림 5-4 **누적 순이익 변화**

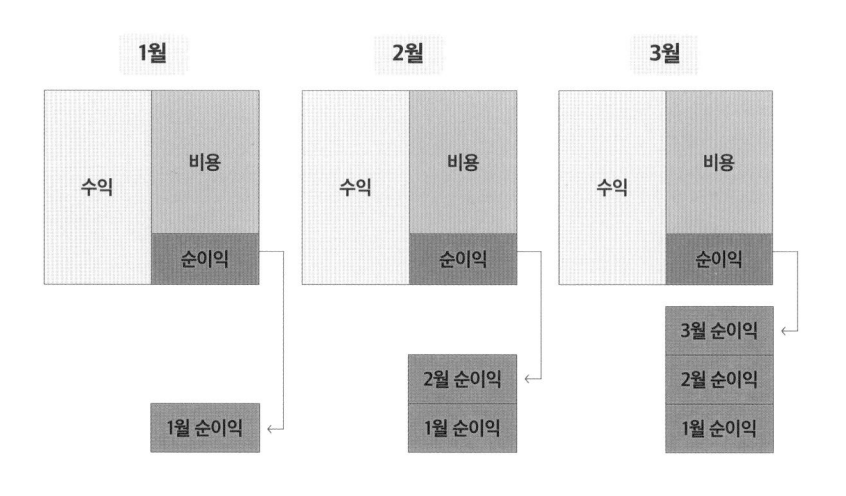

〔표 5-2〕는 〔표 5-1〕에 정로댕 씨의 누적 순이익까지 포함한 자료다. 이 누적 순이익을 막대그래프로 그려보면 〔그림 5-5〕와 같다. 매월 발생하는 순이익이 착실하게 쌓여 올라가는 것을 눈으로 확인할 수 있다. 그리고 12월이 되어 1년 동안 발생한 순이익을 모두 합치니 1,981만 원이 됐다. 한 해 동안 열심히 모아 투자에 활용할 수 있는 종잣돈이 약 2,000만 원이 된 것이다.

표 5-2 **정로댕 씨의 1년 동안 수익·비용·순이익·누적 순이익**

구분	1월	2월	3월	4월	5월	6월	7월	8월	9월	10월	11월	12월
수익	250	250	250	250	250	250	250	250	250	250	250	250
비용	93	74	70	70	108	98	106	69	86	76	72	97
순이익	157	176	180	180	142	152	144	181	164	174	178	153
누적 순이익	157	333	513	693	835	987	1,131	1,312	1,476	1,650	1,828	1,981

단위 : 만 원

그림 5-5 **정로댕 씨의 1년 동안 누적 순이익 추이**

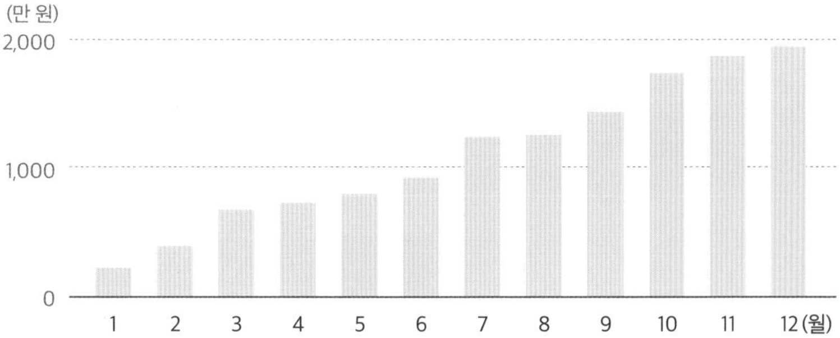

순이익을 활용해 총 3가지 지표의 그래프를 그려봤다. 그래프로 표현하는 데 정답은 없다. 각각의 그래프가 담고 있는 의미가 모두 다르고 이것을 토대로 여러 가지 해석과 이해를 할 수 있기 때문이다. 중요한 것은 본인에게 맞는 형태로 표현하는 것이다. 본인이 보기 위해 만드는 가계부다. 그러니 가장 보기 편하고 의미가 있다고 생각하는 형태로 표현하면 된다. 단순히 숫자로만 표현하는 것 외에 그래프로도 표현하면 한눈에 추이를 파악하기 편하다. 이런저런 그래프를 그려보면서 어떻게 보이는 게 좋을지 고민해보면 어떨까?

이번에는 순이익과 투자를 함께 생각해보자. 앞서 수익과 비용을 분류하면서 투자에 들어가는 투자비는 특별 취급하기로 해서 비용에 포함하지 않았다. 그래서 〔표 5-1〕 정로댕 씨의 1월에서 12월까지 수익과 비용, 순이익 자료에서 투자에 들어간 돈은 빠져 있다. 그런데 정로댕 씨는 매월 150만 원씩 주식에 투자하고 있었다. 순이익과 투자비를 막대그래프로 그려보면 〔그림 5-6〕과 같다.

그림 5-6 **정로댕 씨의 1년 동안 순이익과 투자비 추이**

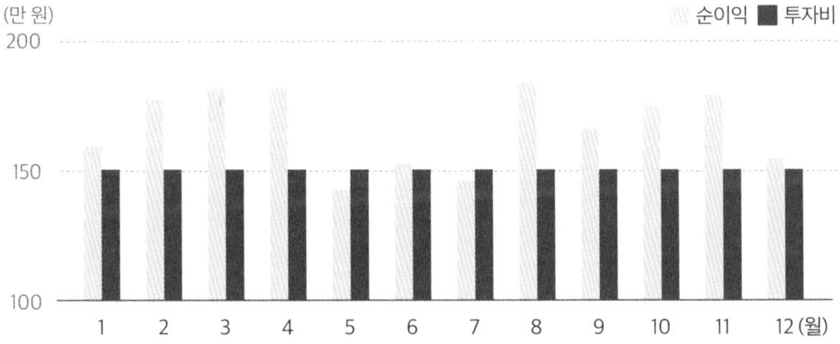

투자를 하려면 그만큼 순이익으로 남는 돈이 있어야 한다. 정로댕 씨의 순이익과 투자비를 비교해보니 5월과 7월을 제외하면 매월 순이익이 투자비보다 많았다. 5월과 7월 두 달 동안은 순이익이 적어 투자할 돈이 부족했지만, 1월에서 4월까지 투자하지 않고 예금

계좌에 남아있는 돈으로 충분히 충당 가능한 수준이었다.

〔그림 5-7〕은 투자비를 순이익으로 나눈 값을 표현한 그래프다. 순이익 중 어느 정도 금액이 투자되는지 비율로 나타낸 것으로, 이 것을 '투자비율'이라고 하겠다.

그림 5-7 정로댕 씨의 1년 동안 투자비율 추이

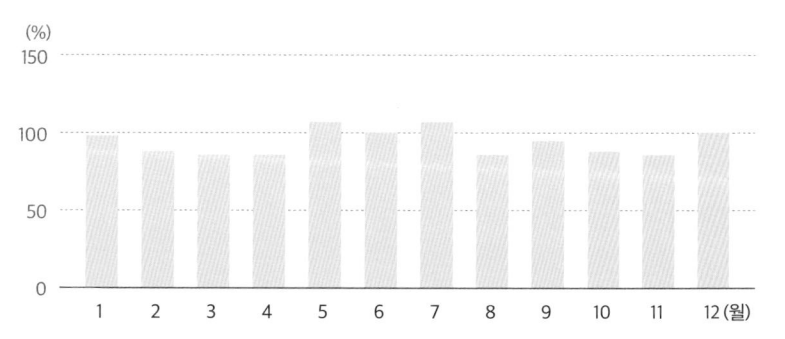

투자비율은 대부분의 달이 100% 미만이다. 만약 매월 100%가 넘는다면 어떻게 될까? 점점 계좌의 잔액이 줄어들게 된다. 감당할 수 있는 투자의 수준을 넘은 투자가 되기 때문이다. 이런 상황은 누 적된 순이익보다 많은 금액을 투자하면 발생한다. 투자할 수 있는 돈 보다 더 많은 돈을 투자하고 있다는 것은 어딘가에서 돈을 끌어다가 쓰고 있다는 의미다. 즉, 부채를 끌어다가 투자함을 의미한다.

만약 투자 성과가 좋다면 문제가 되지 않는다. 그런데 손실을 보 면 이야기가 달라진다. 투자 손실은 자산을 감소시킨다. 또한 부채

를 이용해 투자했으므로 부채가 증가한다. 자산은 감소하고 부채는 증가하니 순자산은 빠르게 감소한다. 이것은 재무 상태가 악순환에 빠지게 됨을 의미한다. 순이익에서 얼마만큼이 투자로 빠져나가고 있는지 파악하지 못한 상태에서 하는 무리한 투자는 이런 결과를 낳을 수 있다. 쉽게 말해 본인도 모르는 사이에 헤어나올 수 없는 악순환으로 빨려 들어가는 것이다. 순이익과 투자비를 비교하면서 과연 무리한 투자를 하고 있지는 않은지 점검해보길 바란다. '보이는 가계부'에서는 순이익과 투자비, 투자비율을 〔그림 5-8〕같이 하나의 그래프(엑셀 파일의 {대시보드 1} 시트 참조)로 표현하고 있다.

그림 5-8 '보이는 가계부'의 순이익·투자비·투자비율 추이 예시

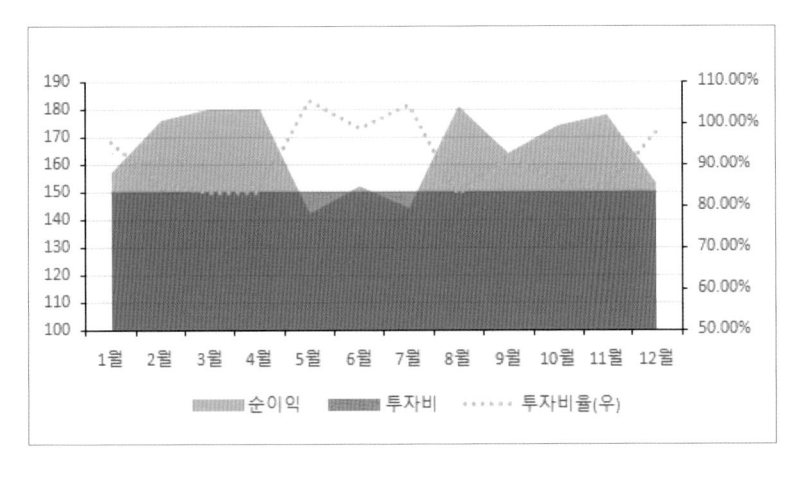

18

얼마가 됐을까?

이번에는 자산과 부채를 보는 방법에 대해 고민해보려고 한다. 투자를 하면 투자한 결과가 재무상태표의 자산에 나타나게 된다. 주식투자일 수도 있고 부동산 투자일 수도 있다. 아니면 다른 투자자산일 수도 있다. 투자한 자산의 가치가 올라가면 가계부의 자산이 증가하게 된다. 부채가 변하지 않는다면 자산의 증가는 순자산의 증가로 이어지므로 투자한 자산의 가치가 올라가면 순자산이 증가하게 되는 것이다. 즉, 순자산이 어떻게 변화하고 있는지를 통해 투자 상태가 어떤지 파악할 수 있다.

그림 5-9 투자자산 가치 증가 시 순자산 변화

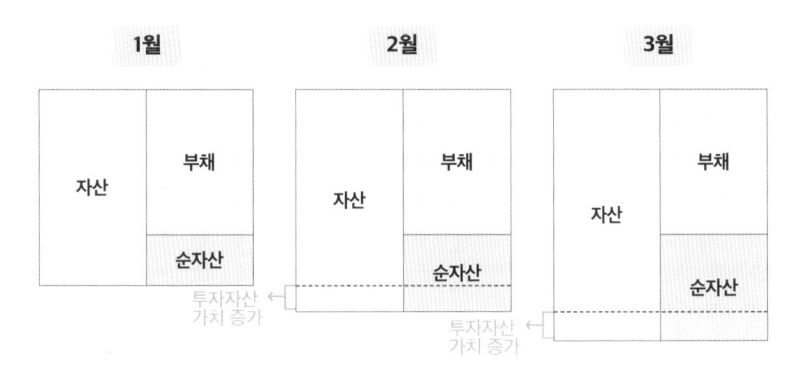

그림 5-9 투자자산 가치 증가 시 순자산 변화

[표 5-3]은 1년 동안 매월 말 시점 정로댕 씨의 자산과 부채, 순자산 자료다. 수익과 비용은 발생하지 않는다고 가정하겠다. 그렇다면 온전히 투자 성과만이 자산의 증가로 이어진다. 그리고 매월 말 시점 정로댕 씨의 순자산을 막대그래프로 그려보면 [그림 5-10]과 같다. 매월 부채는 같으므로 순자산 증가분은 자산의 가치 증가분과 동일하다. 즉, 매월 투자한 자산의 가치가 증가하는 만큼 순자산도 증가한다.

표 5-3 정로댕 씨의 1년 동안 자산·부채·순자산

구분	1월	2월	3월	4월	5월	6월	7월	8월	9월	10월	11월	12월
자산	1,000	1,010	1,005	1,002	997	1,003	1,015	1,005	1,023	1,030	1,031	1,027
부채	500	500	500	500	500	500	500	500	500	500	500	500
순자산	500	510	505	502	497	503	515	505	523	530	531	527

단위 : 만 원

그림 5-10 정로댕 씨의 1년 동안 순자산 추이

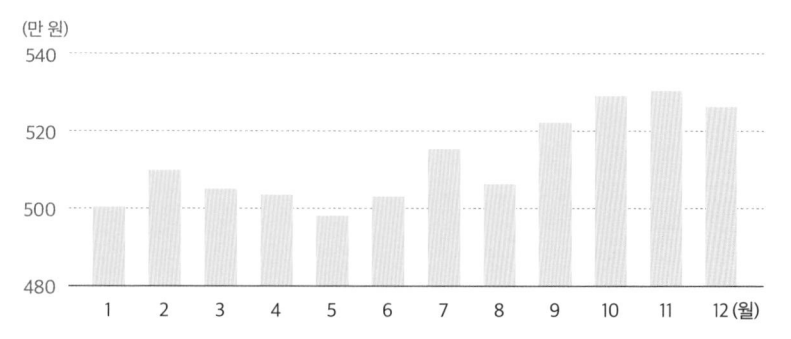

이번에는 매월 말 순자산이 전년 말 순자산 대비 얼마나 증가했는지를 막대그래프로 그려보자. 예를 들어 2월 말 순자산이 510만 원이고 전년 말은 1월 말과 동일한 500만 원이었으므로 2월의 순자산 증가 비율은 2%(10만 원/500만 원)가 된다. 2월에는 전년 말보다 순자산이 2% 증가했다. 이 증가분을 '순자산증가율'이라고 하겠다.

그림 5-11 정로댕 씨의 1년 동안 순자산증가율 추이

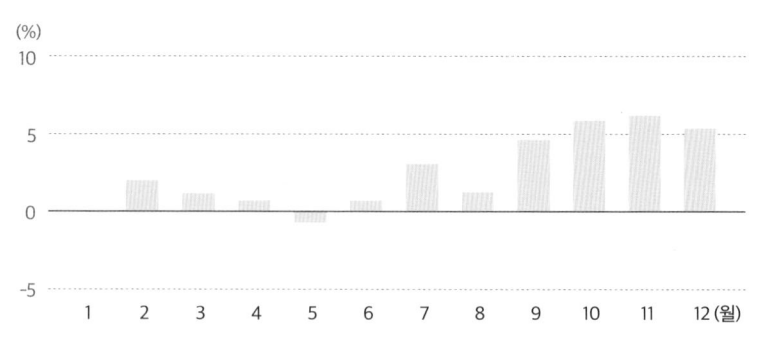

순자산증가율 추이를 살펴보면 5월에는 마이너스 증가율을 보이면서 전년 말 순자산 500만 원보다 낮았다. 이후에는 꾸준히 증가해 12월에는 전년 말 대비 5.4%(27만 원/500만 원)가 증가해서 527만 원이 됐다. 연간 투자한 결과로 5.4%의 수익이 발생한 것이다. 순자산증가율을 투자 성과의 척도로도 사용할 수 있는 셈이다.

지금까지 살펴본 정로댕 씨의 순자산은 자산과 부채만 고려한 수치다. 실제로는 수익과 비용도 함께 생각해야 한다. 매월 순자산이 증가하고 매월 동일한 금액의 순이익이 발생한다고 가정하면 매월 순자산은 순자산 증가분에 매월 순이익을 더한 만큼 커지게 된다. '보이는 가계부'에서는 순자산과 순자산증가율을 〔그림 5-12〕같이 하나의 그래프(엑셀 파일의 {대시보드 1} 시트 참조)로 표현하고 있다.

그림 5-12 **'보이는 가계부'의 순자산과 순자산증가율 추이 예시**

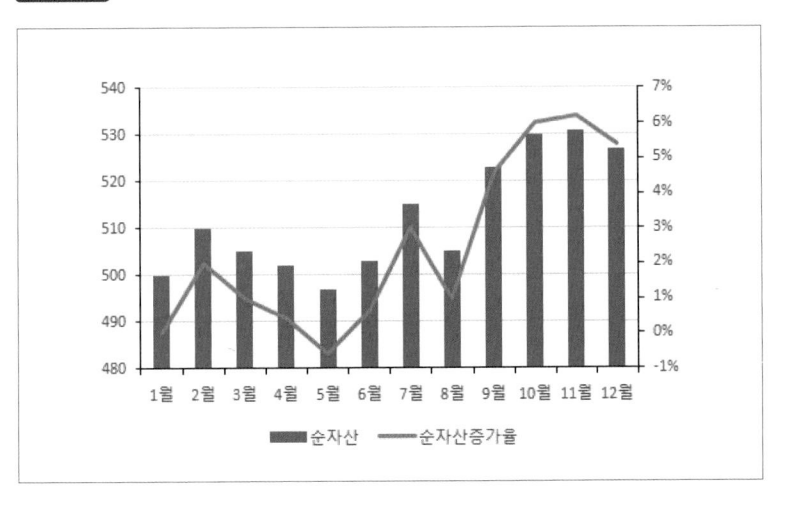

자산 증가분은 투자자산의 가치 증가분으로, 투자자산의 가치가 꾸준히 증가하면 가지고 있는 순자산이 증가하고 여기에 매월 알뜰히 모은 순이익이 더해지면서 순자산이 더 커지게 된다. 이것이 바로 이상적인 재무 상태다.

이상적인 재무 상태에서는 매월 증가하는 순자산이 매월 순이익보다 높다. 투자자산의 가치 증가분이 더해지기 때문이다. [그림 5-13]의 아랫부분을 보면 2월 순자산은 1월 순자산에 2월 순이익을 더하고 투자자산의 가치 증가분이 합쳐진 만큼이 된다.

그림 5-13 누적 순이익과 순자산 변화

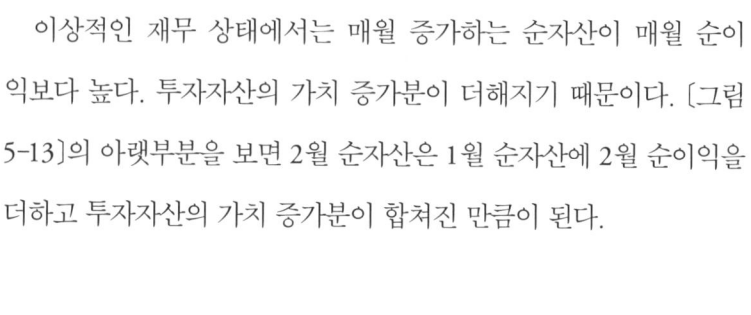

매월 순자산이 증가하기는 하는데, 매월 발생하는 순이익보다 순자산의 증가 폭이 작을 수도 있다. 이 경우 투자자산의 가치가 감소하고 있는 것은 아닌지 점검해봐야 한다. 투자자산의 가치가 감소해 순이익만큼 순자산이 증가하지 않기 때문이다. 매월 순이익이 발생하지만 투자에서 손실을 보면 순자산은 〔그림 5-14〕와 같다.

그림 5-14 투자자산 가치 감소 시 순자산 변화

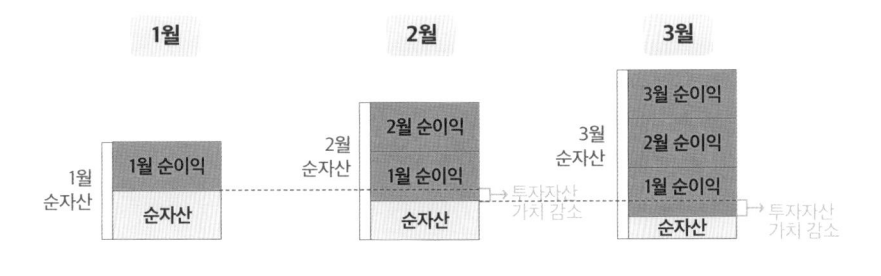

그런데 투자에서 손실이 발생하더라도 순이익이 꾸준히 쌓인다면 순자산은 증가한다. 만약 순이익이 꾸준히 발생함에도 순자산이 증가하지 않는다면 투자를 전면 재검토할 필요가 있다. 자산 비중이 빠르게 감소하면서 부채 비중이 높아지므로 재무구조가 취약하게 바뀌기 때문이다. 손실 금액이 매월 저축하는 금액으로 메울 수 없는 경우라고 생각하면 된다.

따라서 매월 순이익과 순자산이 얼마나 증가했는지를 비교해 재무 상태가 어떻게 변화하고 있는지 파악해볼 수 있다. 다음같이 '순

이익/순자산 비율'을 계산해보자.

순이익/순자산 비율 = 당월 순이익/(당월 순자산 - 전월 순자산)

투자자산의 가치에 변화가 없다고 가정해보자. 그렇다면 이번 달에 발생한 순이익만큼 순자산이 증가하게 된다. 즉, 순이익만큼 순자산이 증가한 경우 순이익/순자산 비율은 1이 된다. 그런데 만약 〔그림 5-13〕같이 투자자산의 가치가 증가하면 순이익/순자산 비율은 1보다 작아진다. 분모인 순자산 증가에 순이익뿐만 아니라 투자자산의 가치 증가분이 추가되기 때문이다. 꾸준하게 투자자산의 가치가 증가한다면 순이익/순자산 비율은 1보다 작은 값을 유지할 것이다.

반대로 〔그림 5-14〕같이 투자자산의 가치가 감소하면 어떻게 될까? 순이익 때문에 순자산은 증가지만 순자산의 증가 폭이 순이익보다 작아지게 된다. 이 경우 순이익/순자산 비율에서 분모인 순자산이 더 작으므로 값은 1보다 커진다.

그런데 순이익/순자산 비율을 사용하면서 주의해야 할 점이 있다. 순이익이 마이너스면서 순자산이 감소하는 경우 순이익/순자산 비율의 분모와 분자가 모두 음수이므로 수치 자체는 양수로 계산된다. 이런 상황에서는 순이익/순자산 비율이 의미가 없다. 따라서 지표들의 한계를 명확히 이해한 상태에서 재무 상태를 파악하는 보조

수단으로 활용해야 한다.

투자자산의 가치 변화인 자산 가치 증가만 발라내 재무 상태가 어떻게 변화하고 있는지 살펴보는 방법도 있다. 〔그림 5-13〕을 통해 당월 순자산 증가분(당월 순자산 – 전월 순자산)은 당월 순이익과 투자자산 가치 증가분의 합이라는 것을 알았다. 대상을 투자자산에서 자산으로 넓히면 다음과 같은 수식으로 나타낼 수 있다.

순자산 증가 = 당월 순이익 + 자산 가치 증가

이 수식을 조금만 수정해보자. '순자산 증가'에서 당월 순이익을 빼서 자산 가치 증가분만 계산해보는 것이다.

자산 가치 증가 = 순자산 증가 – 당월 순이익

= 당월 순자산 – 전월 순자산 – 당월 순이익

투자자산은 자산 안에서 일부지만 우리가 작성하고 있는 가계부에서 가치가 변하는 자산은 투자자산 외에는 없다. 따라서 자산 가치 증가분은 온전히 투자자산의 가치 변화를 나타내고 이번 달 투자 성과가 된다. 연초 이후 매월 자산 가치 증가분을 합치면 연간 투자 성과를 계산해볼 수 있다.

순자산이 줄어드는 상황을 조금 더 고민해보자. 만약 순자산이 계속 줄어 부채보다 작아지면 어떻게 될까? 이것은 순수하게 가지고 있는 돈보다 갚아야 할 돈이 더 많음을 의미한다. 부채를 갚아야 할 시기가 빨리 도래하지 않는다면 크게 문제가 되지 않겠지만 갑자기 갚아야 할 상황에 놓인다면 이야기가 달라진다.

그림 5-15 순자산이 부채보다 작아지는 경우

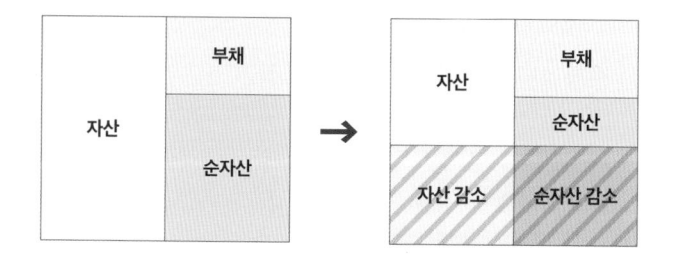

이런 상황을 관리하기 위해 부채를 순자산으로 나눈 비율을 그래프로 그려보면 어떨까? 이것을 '부채비율'이라고 하겠다. 앞서 살펴봤던 [표 5-3] 정로댕 씨의 자료를 가지고 부채비율을 계산해보면 [표 5-4]와 같다.

부채비율 = 부채/순자산

부채비율이 100%가 넘는다는 의미는 순자산 대비 부채가 더 많다는 의미다. 다시 말해 부채를 갚는 데 순자산 전체를 사용해야 한

다는 의미다. 정로댕 씨의 매월 부채비율을 막대그래프로 그려보면
〔그림 5-16〕과 같다.

표 5-4 정로댕 씨의 1년 동안 자산·부채·순자산·부채비율

구분	1월	2월	3월	4월	5월	6월	7월	8월	9월	10월	11월	12월
자산	1,000	1,010	1,005	1,002	997	1,003	1,015	1,005	1,023	1,030	1,031	1,027
부채	500	500	500	500	500	500	500	500	500	500	500	500
순자산	500	510	505	502	497	503	515	505	523	530	531	527
부채 비율 (%)	100	98	99	99.6	100.6	99.4	97.1	99	95.6	94.3	94.2	94.9

단위: 만 원

그림 5-16 정로댕 씨의 1년 동안 부채비율 추이

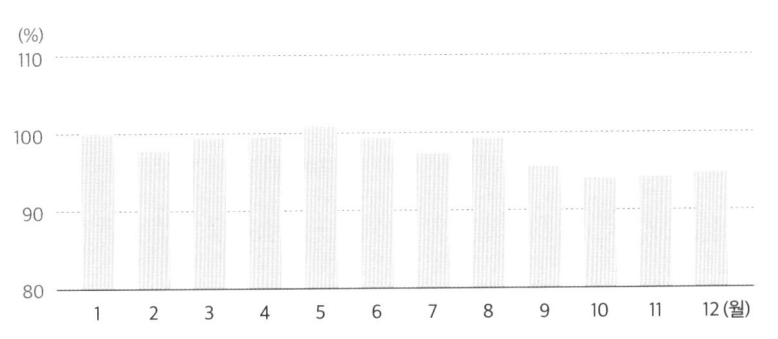

앞서 손쉽게 1억 원의 자산을 만드는 방법을 설명했었다. 은행에
서 1억 원을 빌려 본인의 계좌로 이체하면 1억 원의 잔액이 생기므
로 자산 1억 원 만들 수 있다. 반면 순자산은 그대로다. 자산과 부채

가 같은 규모로 증가했기 때문이다.

이런 눈속임을 잡아내는 방법 중 하나가 부채비율을 살펴보는 것이다. 1억 원의 부채가 증가했는데, 순자산이 그대로라면 부채비율이 급격하게 증가하게 된다. 순자산이 증가하고 있더라도 부채의 증가 속도가 더 빠르면 부채비율이 증가한다. 부채비율이 높다는 것은 순자산으로 갚아야 할 부채가 많다는 의미다. 이것은 재무 상태가 좋지 않은 방향으로 가고 있다는 신호기도 하다.

반대로 자산의 증가 속도가 부채의 증가 속도보다 빠르면 순자산의 비중이 늘어나게 된다. 부채를 사용해 투자한 자산의 가치가 꾸준하게 증가하는 상황을 상상해보면 된다. 상대적으로 좋은 재무 상태를 가지고 있다면 부채비율은 줄어든다.

매월 재무상태표의 부채와 순자산으로 부채비율을 계산해 그래프로 그려보면서 추이(엑셀 파일의 {대시보드 1} 시트 참조)를 확인하길 바란다. 부채와 순자산이 제대로 파악되고 있지 않다면 본인도 모르는 사이에 부채가 점점 커져 순자산을 잠식해가고 있을지도 모른다.

예산밴드

수익과 비용, 예산을 보기 편하도록 그래프로 표현해보자. 이번에 정로댕 씨는 1년 동안 3,000만 원의 수익을 목표로 정했다. 그리고 1년 동안 수익의 60%인 1,800만 원을 저축하기 위해 40%만 비용으로 지출하기로 했다. 계산해보면 1년 동안 1,200만 원을 비용으로 지출할 수 있다.

수익 목표는 수익 예산으로, 비용 목표는 비용 예산으로 정하자. 정로댕 씨의 1년 동안 수익 예산은 3,000만 원이고 비용 예산은 1,200만 원이다. 이것을 12개월로 나누면 매월 수익 예산은 250만 원이고 비용 예산은 100만 원이다. 그리고 정로댕 씨의 매월 실제로 발생한 수익과 비용, 매월 순이익은 〔표 5-5〕와 같으며 12개월 동안 순이익을 모두 합치니 목표했던 1,800만 원 이상을 모을 수 있었다. 매월 발생한 수익과 비용을 예산과 비교해보자.

표 5-5 정로댕 씨의 1년 동안 수익 예산·비용 예산·수익·비용·순이익

구분	연간	1월	2월	3월	4월	5월	6월	7월	8월	9월	10월	11월	12월
수익 예산	3,000	250	250	250	250	250	250	250	250	250	250	250	250
비용 예산	1,200	100	100	100	100	100	100	100	100	100	100	100	100
수익	3,061	256	253	255	255	263	262	247	253	258	248	259	252
비용	1,184	108	90	90	114	109	91	111	91	94	99	97	90
순이익	1,877	148	163	165	141	154	171	136	162	164	149	162	162

단위 : 만 원

한눈에 알아보기 편한가? 만약 이 표를 보고 한눈에 수익과 비용, 예산의 추이가 파악된다면 이어지는 내용은 알 필요가 없다. 하지만 대부분은 숫자들이 머릿속에서 뱅글뱅글 돌면서 한눈에 파악하기 어려울 것이다. 그렇다면 〔표 5-5〕를 한눈에 알아볼 수 있도록 그래프로 그려보자. 수익 예산과 비용 예산은 매월 금액이 동일하다. 따라서 예산은 직선으로 표현하고 매월 금액이 바뀌는 수익과 비용은 영역그래프(엑셀 파일 {대시보드 1} 시트 참조)로 표현하면 〔그림 5-17〕과 같다. 수익 예산은 주황색 점선으로, 비용 예산은 초록색 점선으로 나타냈다.

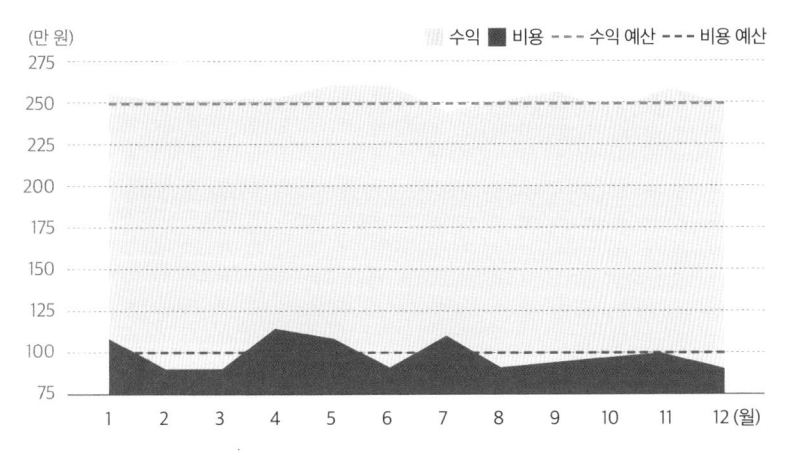

그림 5-17 정로댕 씨의 1년 동안 수익 예산·비용 예산·수익·비용 추이

(만 원)

수익 ■ 비용 - - - 수익 예산 - - - 비용 예산

매월 정로댕 씨가 모으고자 한 150만 원은 〔그림 5-18〕에서 수익 예산인 주황색 점선에서 비용 예산인 초록색 점선을 뺀 부분(빗금 친 A부분)에 해당한다. 이 부분을 '예산밴드'라고 하겠다. 매월 수익 은 매월 수익 예산 250만 원보다 높아야 하고 매월 비용은 매월 비 용 예산 100만 원보다 낮아야 한다. 그래야 매월 순이익으로 150만 원을 모을 수 있다.

매월 수익이 수익 예산보다 높으면 수익에 해당하는 노란색 영역 그래프가 주황색 수익 예산 점선보다 항상 위에 있을 것이다. 또한 매월 비용이 비용 예산보다 낮으면 비용에 해당하는 파란색 영역그 래프가 초록색 비용 예산 점선보다 아래에 있을 것이다. 즉, 목표한 것과 동일하게 수익과 비용이 발생한다면 수익과 비용 그래프는 예 산밴드를 침범하지 않는다.

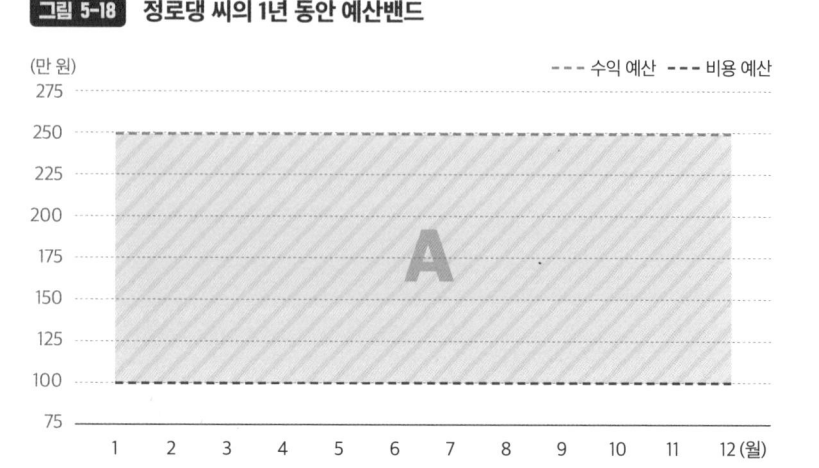

그림 5-18 정로댕 씨의 1년 동안 예산밴드

예산밴드가 목표한 순이익이라고 하면 실제 순이익은 〔그림 5-19〕의 노란색 수익 영역그래프에서 파란색 비용 영역그래프를 뺀 부분(빗금 친 B부분)이 된다.

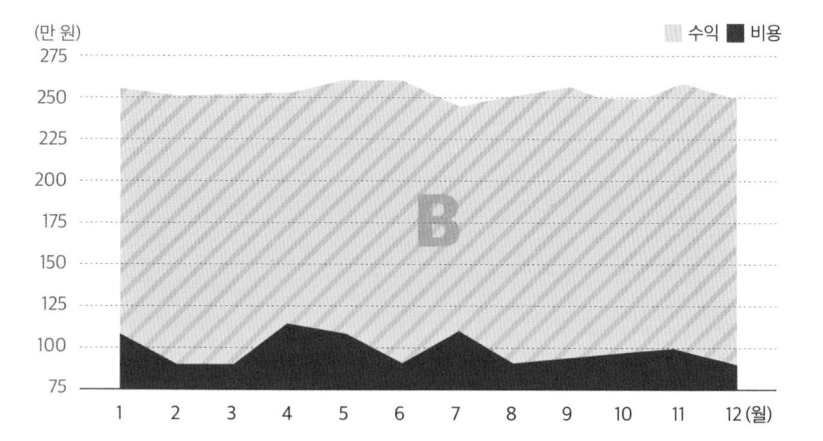

그림 5-19 정로댕 씨의 1년 동안 수익과 비용 추이

결국 그래프에서 수익 예산과 비용 예산 사이의 공간보다 수익 영역그래프에서 비용 영역그래프를 차감한 부분의 면적이 크면 연간 목표를 이룰 수 있다. 가장 확실하고 명확한 방법은 가계부를 보면서 과연 이번 달 수익과 비용은 예산밴드를 침범하고 있는지 아닌지 확인하는 것이다.

예산밴드는 손익계산서와 예산서로만 봤을 때보다 훨씬 시각적이므로 현재 수익과 비용이 설정했던 목표대로 가고 있는지 확인하는 확실한 수단이다. 만약 수익이 수익 예산 점선보다 밑에 있다면 수익을 더 발생시켜야 한다는 의미고, 비용이 비용 예산 점선보다 위에 있다면 지출을 줄여야 한다는 의미다.

물론 시각적으로 표현되는 그래프다 보니 정확한 수치를 나타내지는 못한다. 따라서 예산밴드만 가지고 수익과 비용, 예산을 관리하기에는 한계가 있으므로 가계부에 표시되는 수치들과 더불어 보조적인 수단으로 활용하면 좋다. 재무 목표를 향한 내비게이션으로 예산밴드를 활용하길 바란다.

20

4사분면 그래프

나는 여러 가지 목표를 가지고 있다. 경제적 자유를 이루는 것은 그중 하나다. 아마 이 책을 읽고 있는 사람들 중에는 나처럼 경제적 자유를 꿈꾸는 사람도 많으리라 생각된다. 회사에 멋지게 사표를 내고 경제적인 걱정 없이 내가 원하는 시간에 원하는 것을 하는 그런 삶을 상상해보곤 한다.

물론 갑자기 돈벼락을 맞거나 로또에 당첨돼 경제적 자유를 이룬다면 좋겠지만 현실성 없는 망상에 불과하다. 'PART 2-06'에서 수익을 근로소득, 사업소득, 자본소득, 기타소득 4가지로 구분했다. 기타소득을 제외하면 출처가 명확한 수익 3가지 중 근로소득이 압도적인 비중을 차지하는 것이 우리의 삶일 것이다.

잠깐 로버트 기요사키의 책 《부자 아빠 가난한 아빠 2》에 언급된 4사분면 이야기를 해보겠다. 'PART 2 - 06'에서 로버트 기요사키의 돈을 버는 방법에 따른 4가지 사람 유형에 대해 이야기했다. 이 4가지 유형을 2×2 평면에 표현한 것이 4사분면이다. 왼쪽에는 봉급생활자Employee와 자영업자 또는 전문직 종사자Self-employed가 위치하고, 오른쪽에는 사업가Big business와 투자가Investor가 위치한다.

그림 5-20 《부자 아빠 가난한 아빠 2》에 나오는 4사분면

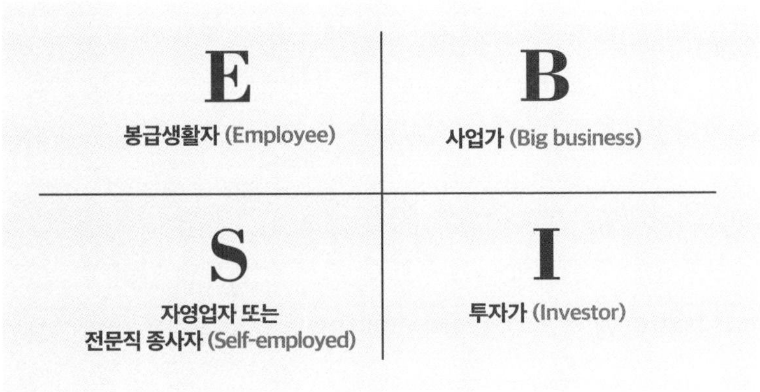

왼쪽에 있는 사람은 경제적 자유를 이루지 못한 사람이다. 대부분 월급(E)이나 자영업(S)으로 수익이 발생한다. 이런 수익은 가계부에 근로소득으로 적기로 했다. 반대로 경제적 자유를 이룬 사업가 (B)나 투자가(I)는 수익이 발생하는 일종의 시스템을 만든 사람이다. 본인의 노동력을 투입하지 않아도 꾸준하게 수익이 발생한다.

내가 원하는 경제적 자유를 이룬 사람은 로버트 기요사키의 4사분면에서 우측의 B, I에 해당한다. 그리고 가계부에서는 사업소득과 자본소득의 비중이 수익 안에서 압도적인 경우다.

따라서 경제적 자유를 향해 나아가고 있는지 확인하려면 수익 안에서 사업소득과 자본소득의 비중 변화를 확인하면 된다. 상대적으로 근로소득의 비중이 계속 줄고 사업소득과 자본소득의 비중이 늘어난다면 경제적 자유를 향해 착실하게 나아가고 있다는 증거다.

'보이는 가계부' 손익계산서에 매월 근로소득과 사업소득, 자본소득이 반영돼있으니 각각 소득의 비중을 계산해 그래프로 나타내보면 어떨까? 〔그림 5-21〕은 '보이는 가계부'의 수익 분류를 기준으로 그린 4사분면이다. 수익을 구분할 때 월급과 자영업 소득을 별도로 나누지 않고 근로소득으로 보기 때문에 E와 S를 하나로 합쳤다.

사업을 해서 발생하는 사업소득이나 투자를 해서 발생하는 자본소득은 전혀 없고 오로지 일해서 번 수익인 근로소득만 있는 경우는 전형적으로 4사분면 왼쪽에 해당한다. 순도 100%의 봉급생활자이므로 왼쪽 가장 끝에 점을 찍는 것이 적절하다. 4사분면에 점을 찍기 위해 '근로소득 비중'을 숫자로 표현해보겠다.

근로소득 비중 = 근로소득/(근로소득 + 사업소득 + 자본소득)

그리고 위 수식의 값을 4사분면 가로축에 표시하기 위해 살짝 수정해보자. 다음같이 1에서 근로소득 비중을 빼면 된다.

가로축 값 = 1 - 근로소득 비중

근로소득 비중에 따라 가로축 값은 0%부터 100% 사이의 값을 가지게 된다.

그림 5-21 4사분면 가로축

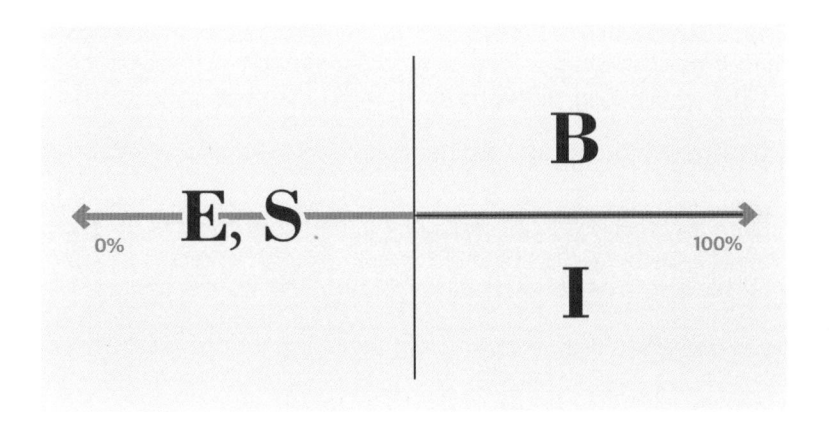

근로소득만 있는 경우 가로축 값은 0%가 된다. 4사분면에 점을 찍어 표시해보면 〔그림 5-22〕의 A와 같다. 그리고 점이 오른쪽으로 이동할수록 수익 안에서 근로소득 외에 사업소득이나 자본소득이 높아짐을 의미하며 근로소득이 반, 나머지 소득 반이면 〔그림 5-22〕의 점 B같이 가로축 값은 정확히 50%가 된다.

그림 5-22 4사분면상 근로소득 비중

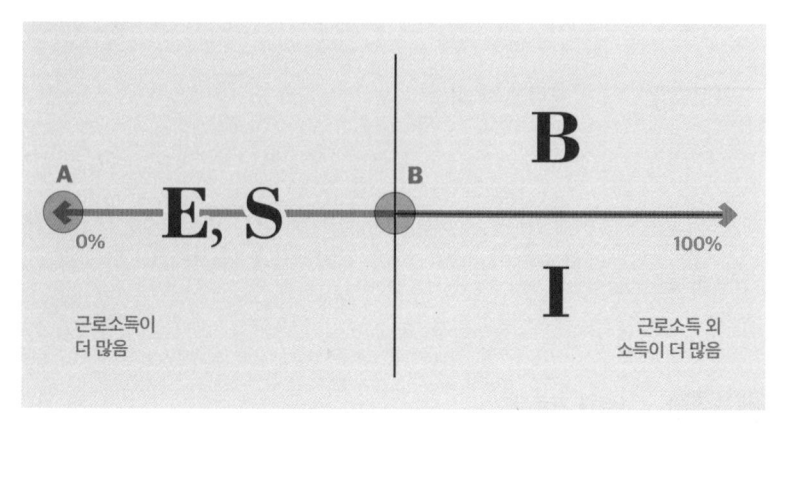

점은 근로소득의 비중에 따라 좌우로만 움직이지 않고 사업소득이나 자본소득의 비중에 따라 위아래로도 움직인다. 사업소득이 많다면 4사분면의 위쪽으로, 자본소득이 많다면 4사분면의 아래쪽으로 이동한다. 점을 4사분면 세로축에 표시하려면 다음같이 세로축 값을 계산하면 된다.

세로축 값 = (사업소득 − 자본소득)/(근로소득 + 사업소득 + 자본소득)

만약 수익 안에서 사업소득만 있다면 세로축 값은 100%가 되고, 반대로 자본소득만 있다면 세로축 값은 −100%가 된다. 결국 세로축 값은 −100%에서 100% 사이의 값을 가지게 되고〔그림 5-23〕처럼 세로축의 맨 위는 100%, 맨 아래는 −100%가 된다.

4사분면에 세로축 값의 점을 찍어 표시해보자. 사업소득만 있는 경우 [그림 5-23] 점 A같이 위치하고, 반대로 자본소득만 있는 경우 점 C같이 위치하게 된다. 만약 세로축 값이 0%이어서 점이 세로축 가운데 B에 위치한다면 사업소득이나 자본소득이 없다는 게 아니라 사업소득과 자본소득이 동일하다는 의미다. 즉, 수익 안에서 사업소득과 자본소득의 규모가 같다는 말이다.

그림 5-23 4사분면상 사업소득과 자본소득 비중

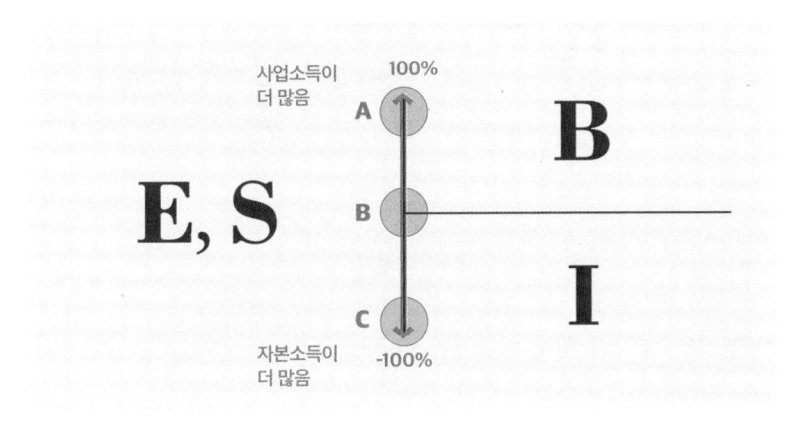

앞서 계산한 가로축 값은 0~100%를 나타낸다는 것에서 세로축 값과는 차이가 있다. 가로축 값과 세로축 값을 4사분면에 함께 표시하면 현재 수익 구조가 어떤 상태인지 나타낼 수 있다. 각각의 값을 쌍(가로축 값, 세로축 값)으로 나타내면 된다. 예를 들어 다른 소득은 없고 근로소득만 있다고 가정해보자. 가로축 값과 세로축 값 모

두 0%가 되고 4사분면 위에 점의 위치를 정하기 위해 괄호 쌍으로
나타내기로 한다. 근로소득만 있는 경우 〔그림 5-24〕처럼 괄호 쌍
은 (0%, 0%)가 되고 가로축 맨 왼쪽에 위치한다.

그림 5-24 **4사분면에서 점의 이동**

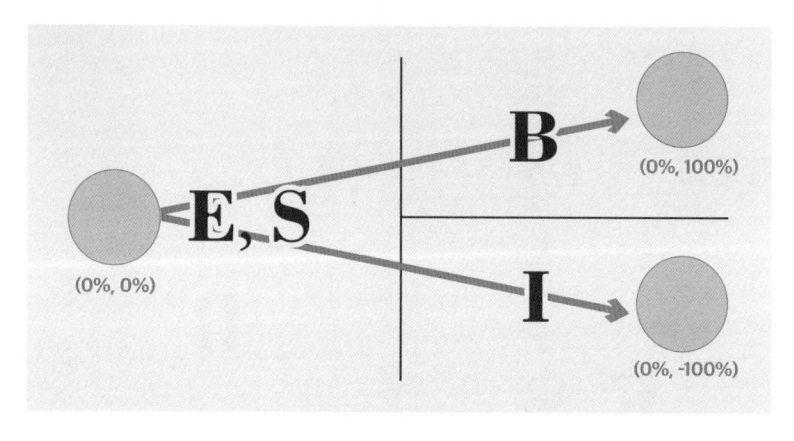

여기에서 만약 사업소득만 증가했다면 점은 〔그림 5-24〕의 우상
향하는 화살표를 따라 이동한다. 그리고 사업소득의 비중이 계속 증
가해 근로소득은 전혀 없고 사업소득만 있는 경우 괄호 쌍은 (0%,
100%)가 되고 점은 맨 오른쪽 위 끝의 모퉁이에 위치한다. 반대로
근로소득만 있는 상태에서 자본소득의 비중이 계속 증가한다고 가
정해보자. 처음에는 자본소득이 전혀 없다가 조금씩 발생할 때마다
점은 우하향하는 화살표를 따라 오른쪽 아래로 이동한다. 만약 근로
소득은 전혀 없고 자본소득만 있다면 괄호 쌍은 (0%, -100%)가 되

어 맨 오른쪽 아래 끝의 모퉁이에 위치한다.

결국 수익이 어떻게 구성돼있는지 알려주는 점은 첫 번째와 두 번째 화살표가 만들어내는 삼각형 안에서 움직인다. 왼쪽에서 오른쪽으로 이동할수록 근로소득이 수익에서 차지하는 비중이 작아지므로 경제적 자유에 가까워진다고 생각하면 된다. 또한 점이 위로 이동할수록 사업소득에 의한 경제적 자유에 가까워지는 것이고, 아래로 이동할수록 자본소득에 의한 경제적 자유에 가까워지는 것이다.

〔표 5-6〕은 2013년부터 2019년까지 7년 동안 정로댕 씨의 연간 소득 금액과 이 금액으로 4사분면 가로축 값과 세로축 값을 계산한 자료다. 이 표를 활용해 4사분면에 점을 찍어 어떻게 이동하는지 살펴보자.

표 5-6 **정로댕 씨의 연도별 소득 금액과 4사분면 가로축 값·세로축 값**

구분	2013년	2014년	2015년	2016년	2017년	2018년	2019년
근로소득	4,000	3,900	3,800	3,000	2,000	1,000	1,000
사업소득	0	300	500	1,000	1,500	2,000	2,500
자본소득	0	100	300	500	1,000	2,000	4,000
가로축 값(%)	0	9	17	33	56	80	87
세로축 값(%)	0	5	4	11	11	0	-20

단위 : 만 원

정로댕 씨의 소득 금액을 보면 해를 거듭할수록 근로소득은 줄어들고 사업소득과 자본소득이 늘어나는 것을 알 수 있다. 특히 자본소득이 더 가파르게 증가하면서 2019년에는 자본소득이 전체 수익의 절반을 넘어간다. 4사분면에 점을 찍는 방법대로라면 점이 왼쪽에서 오른쪽 아래 끝으로 이동해야 한다.

연도별 가로축 값과 세로축 값을 순서대로 4사분면에 점을 찍어 표시하고 시간 순서대로 점들을 이어보자. 그러면 [그림 5-25]같이 그릴 수 있고 이것을 '4사분면 그래프(엑셀 파일의 {대시보드 1} 시트 참조)'라고 하겠다.

그림 5-25 　정로댕 씨의 4사분면 그래프

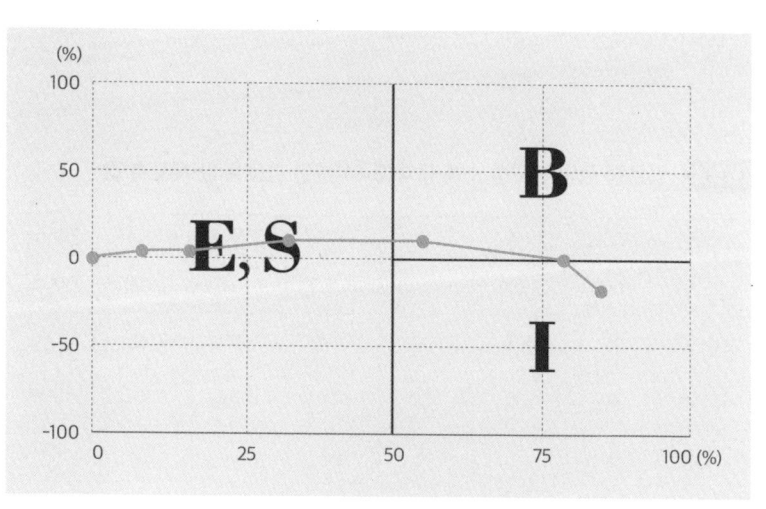

정로댕 씨의 4사분면 그래프를 살펴보면 근로소득 비중이 줄어들면서 확실히 점들이 점차 오른쪽으로 이동하는 것을 볼 수 있다. 또한 초반에는 사업소득의 비중이 컸으나 점차 자본소득이 늘어나면서 점도 위에서 아래로 이동한다.

정로댕 씨는 4사분면 그래프를 그리기 위해 시간 간격을 연 단위로 했다. 선으로 연결된 각각의 점이 한 해의 수익 구조를 의미한다. 정로댕 씨처럼 연 단위로 표현할 수도 있고 월 단위로 표현할 수도 있다. 아니면 분기나 반기 단위로 표현할 수도 있다. 본인에게 맞는 시간 간격을 정하면 된다. 다만 너무 짧은 시간 간격을 두면 4사분면 위에 너무 많은 점이 표시되고 그래프가 난잡해질 수 있으니 되도록 한 달 이상(분기나 반기 또는 연도별)의 기간을 기준으로 하자.

{대시보드 1} 시트

{대시보드 1} 시트에서는 월별 재무 상태 전반에 대해 그래프로 파악할 수 있다. 먼저 조회하고자 하는 월을 선택하면 해당 월의 자료가 나타난다. 맨 왼쪽 부분에는 간추린 재무 상태가 있는데, '손익계산서'와 '재무상태표'가 간단히 표시되고 그 아래에는 해당 월의 수익과 비용이 예산 대비 얼마만큼 발생했는지가 '월 예산소진율'로 표시된다.

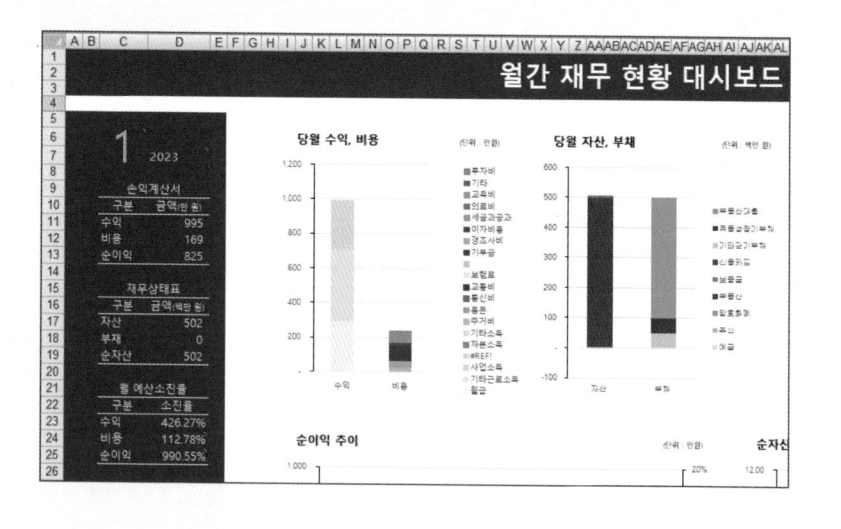

{대시보드 1} 시트에는 여러 그래프가 있는데, 각각의 그래프 이름에 맞는 자료들이므로 재무 상태를 파악하는 데 잘 활용하길 바란다. 여러 그래프 중 몇 가지만 살펴보겠다.

'순이익 추이' 그래프에서 '순이익변화율'은 전월 순이익 대비 당월 순이익이 얼마나 늘었는지 나타낸다. '목표순이익'은 월 수익 예산에서 월 비용 예산을 뺀 금액으로, 매월 목표순이익 금액을 나타낸다. 따라서 초록색의 '순이익' 막대그래프가 점선의 '목표순이익'보다 위에 있으면 목표한 금액보다 매월 발생하는 순이익이 높다는 의미다.

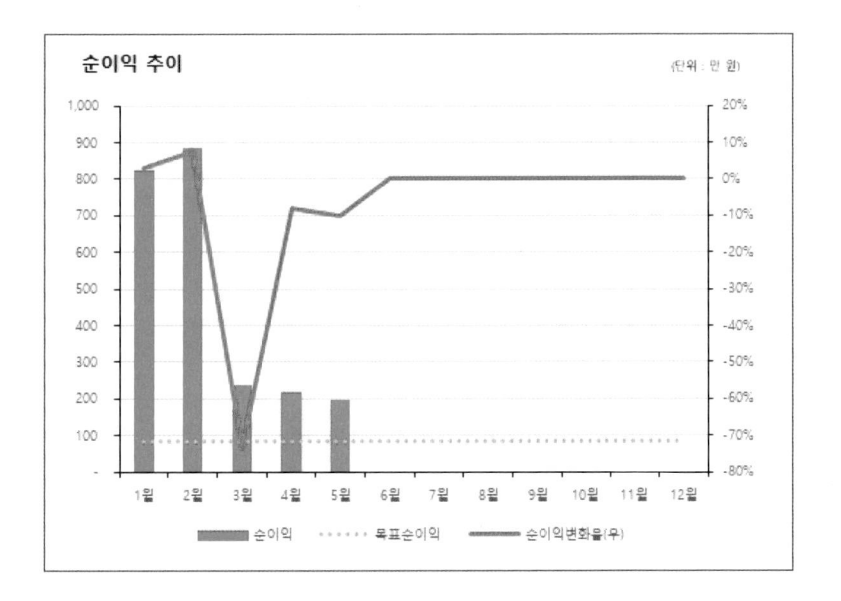

'순자산 추이' 그래프는 매월 말 시점의 순자산을 막대그래프로 보여순다. '순자산증가율'은 전년 말 순자산 대비 해당 월말 시점의 순자산이 얼마나 늘었는지를 나타낸다.

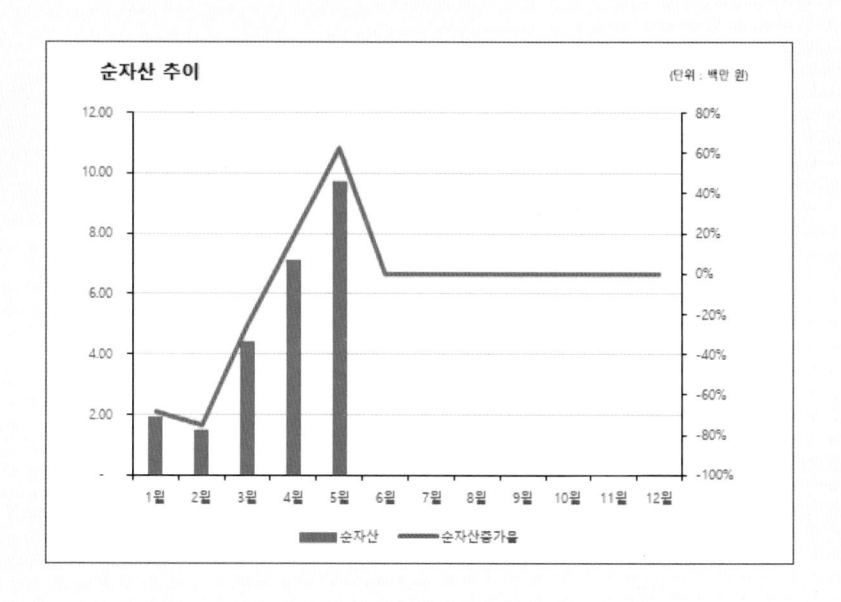

'순이익/순자산 비율' 그래프는 당월 발생한 순이익과 당월 증가한 순자산(당월 순이익/(당월 순자산–전월 순자산))을 비율로 나타내 보여준다. 자산의 가치 증가가 없어 순이익이 그대로 순자산의 증가로 이어진 경우 1과 유사한 값을 나타낸다.

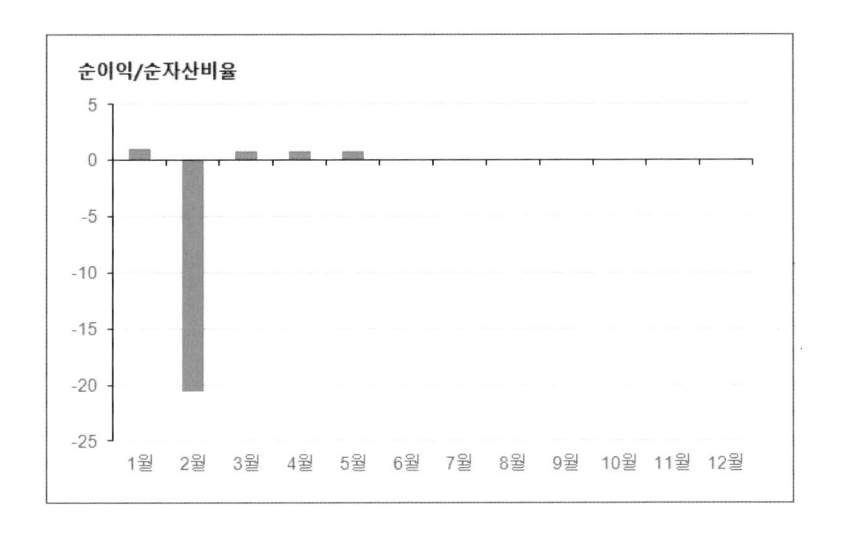

{대시보드 1} 시트 맨 아랫부분에는 '요약 손익계산서'와 '요약 재무상태표'가 있는데, 중분류까지 요약돼 표시된다. 전월과 비교해 어느 정도 증가했는지가 '변화율'에 표시되며 {손익계산서} 시트나 {재무상태표} 시트로 이동하지 않아도 대략적인 재무 상태를 파악할 수 있다.

요약 손익계산서
(단위 : 만 원)

구분		4월	5월	변화율
수익		381.72	360.02	-5.68%
수익	근로소득	289.21	310.00	7.19%
수익	사업소득	40.00	50.00	25.00%
수익	자본소득	0.00	0.00	
수익	기타소득	52.51	0.02	-99.96%
비용		162.99	163.19	0.12%
비용	고정비	86.80	86.43	-0.43%
비용	변동비	76.19	76.76	0.75%
순이익		218.73	196.83	-10.01%
비용	투자비	203.83	50.00	-75.47%

요약 재무상태표

구분		4월	5월	변화율
자산		407.11	409.73	0.64%
자산	유동자산	-99.89	-92.77	-7.12%
자산	비유동자산	507.00	502.50	-0.89%
부채		400.00	400.00	0.00%
부채	유동부채	0.00	0.00	
부채	비유동부채	400.00	400.00	0.00%
순자산		7.11	9.73	36.72%

주의 사항

1월의 '요약 손익계산서'와 '요약 재무상태표'는 전월 데이터가 비교되지 않는다.

가계부와 투자

· 돈이 일하게 하자

돈을 버는 방법에는 2가지가 있다. 하나는 '사람이 돈을 버는 것'이고 다른 하나는 '돈이 돈을 버는 것'이다. 앞서 살펴본 4사분면을 기준으로 보면 사람이 돈을 버는 것은 4사분면 왼쪽에서 수익이 발생하는 경우고, 돈이 돈을 버는 것은 4사분면 오른쪽에서 수익이 발생하는 경우다.

사람이 버는 돈은 회사에서 열심히 일해 받는 급여와 자영업이나 전문 직종에 종사해 벌어들이는 소득을 의미한다. 하지만 우리는 이것 말고 돈이 돈을 버는 것에 관심을 가져야 한다. 그중에서도 투자에 대해 이야기해보겠다.

정로댕 씨는 2021년부터 FAANG 주식에 투자하고 있다. FAANG은 미국의 '페이스북', '아마존', '애플', '넷플릭스', '구글' 기업을 의미하는 단어로, 지금은 페이스북이 '메타'로 사명을 변경해 FAANG이라고 부르기는 힘들어졌다. 사건이 일어난 때는 2022년 초반이었다. 애플의 '아이폰' 애플리케이션 추적 금지에 따라 스마트폰 데이터를 기반으로 한 사용자 맞춤형 광고가 주요 수입원이었던 페이스북에 지대한 영향이 미치게 됐다. 이로 인해 페이스북 주가가 크게 떨어진 적이 있었다. 당시 정로댕 씨도 큰 손실을 봤다. 특히 레버리지 ETF 상품에 투자하고 있었던 터라 손실이 더 컸다. 예를 들어 2배 레버리지 ETF는 주가가 10% 하락하면 그것의 2배인 20%가 하락한다. 이 영향으로 정로댕 씨는 무려 50%의 손실을 보고 어쩔 수 없이 손절매를 했다.

이 이야기는 안타깝게도 가상이 아니라 실제 나의 투자 이야기다. 당시 갑작스럽게 50%의 손실을 보게 되어 매우 당황스러웠던 기억이 있다. 누가 이렇게 심하게 폭락할 줄 알았을까. 하락 초반에 손절매하는 것이 좋았으나 혹시나 반등하지 않을까 하는 마음에 버티다가 결국 50%까지 손실을 보고 매도했다.

'투자한 자산의 절반이 날아가다니, 큰일 난 거 아닌가?'라고 생각할지도 모르겠다. 다행히 나에게 큰일은 일어나지는 않았다. 감당할 수 있는 수준의 손실임을 사전에 인지하고 있었기 때문이다. 비록 예상치 못한 투자 손실이 발생했으나 내 삶에 커다란 악재로 작용하지는 않았다. 만약 50%의 투자 손실로 인해 갚아야 할 빚이 생겼다면? 일상생활이 힘들어지는 영향이 있었다면? 투자가 아니라 투기였을 것이다. 브랜트 펜폴드Brent Penfold의《주식투자 절대지식》에 따르면 투자자 중 90% 이상이 돈을 잃는다고 한다. 그만큼 투자로 성공하기 어렵다는 말이다.

투자의 세계에서 성공하기 어렵다면 적어도 살아남아야 한다. 투자의 세계에 발을 딛고 있는 것만으로도 성공이라고 볼 수 있다. 즉, 투자로 성공하는 것이 아닌 '생존'을 추구해야 한다. 그곳에서 생존하려면 '투기'가 아닌 '투자'를 해야 한다. 내가 50%의 손실이 발생한 ETF를 손절매할 수 있었던 이유도 투기가 아니라 투자였기 때문이다. 그렇다면 가계부를 활용해 투기를 피하고 살아남는 투자를 하려면 어떻게 해야 할까?

• 저축이 먼저? 투자가 먼저?

투자에 대해 본격적으로 이야기하기에 앞서 PART 3에서 다뤘던 저축에 대해 조금 더 깊이 생각해보자. 선순환적인 재무 상태는 순이익이 꾸준히 발생하면서 순자산이 지속적으로 증가하는 상태라고 했다. 선순환적인 재무 상태를 파악하는 데 있어 중요한 부분은 순이익과 순자산인데, 이것을 비율로 나타내면 다음과 같으며 이 비율을 '순자산순이익률'이라고 하겠다.

$$\text{순자산순이익률} = \frac{\text{순이익}}{\text{순자산}}$$

여기에서 순자산은 연간 평균 금액이고 순이익은 연간 전체 금액이다. 순자산순이익률이 의미하는 것은 '순자산이 어느 정도 속도로 증가하는지'다. 선순환적인 재무 상태를 기억해본다면 순이익이 쌓여 순자산이 된다는 사실을 알고 있을 것이다. 즉, 한 해 동안 발생한 순이익이 평균적인 순자산 대비 얼마나 많은지를 비율로 나타내 그다음 해 순자산이 몇 퍼센트나 증가하게 될지 가늠해볼 수 있다.

결국 순자산순이익률이 높을수록 순자산 증가 속도가 빨라진다. 순자산이 늘어나면 순이익도 늘어나니 선순환적인 재무 상태가 얼마나 빨리 돌아가고 있는지를 나타내는 것이다. 순자산순이익률을 조금 더 세부적으로 살펴보자.

편하게 살펴보기 위해 정로댕 씨의 재무 상태를 가정해보자. 정로댕 씨는 10억 원어치의 주식을 가지고 있다. 매월 1%의 배당금이 발생하니 월 1,000만 원의 투자 수익이 있다. 배당금으로도 충분히 먹고살 수 있어 일은 하지 않는다. 다만 주가의 배당락이 없고 가격이 일정하다고 가정하겠다. 이런 상황에서 순자산순이익률을 세 부분으로 분리해보면 다음과 같다.

$$\text{순자산순이익률} = \frac{\text{순이익}}{\text{수익}} \frac{\text{수익}}{\text{자산}} \frac{\text{자산}}{\text{순자산}} = \frac{\text{순이익}}{\text{순자산}}$$

여기에서 순이익과 수익은 연간 전체 금액이고 자산과 순자산은 연간 평균 금액이다. 세 부분으로 나눴지만 수익과 자산은 약분되므로 앞서 봤던 순자산순이익률과 동일한 수식이 된다.

그림 5-26 순자산순이익률 분해하기

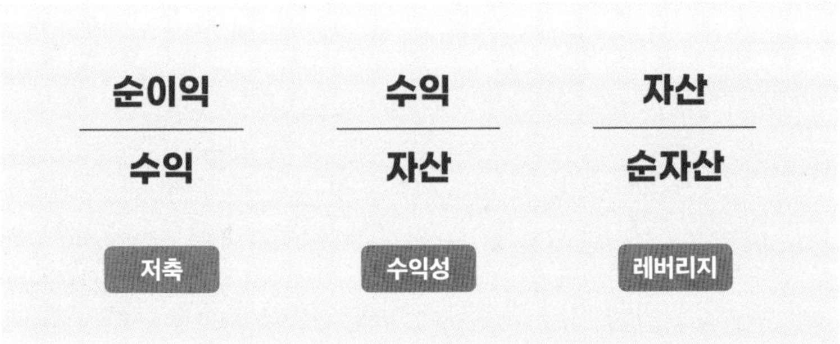

나눠진 세 부분이 각각 무엇을 의미하는지 살펴보자. 맨 앞의 '순이익/수익'은 저축을 의미한다. 발생한 수익에서 비용을 아끼고 남은 순이익이 저축 금액이다. 열심히 아낄수록 순이익/수익은 증가한다.

두 번째로 '수익/자산'은 자산의 수익성을 의미한다. 즉, 투자한 자산에서 얼마나 수익이 발생했는지를 나타낸다. 마찬가지로 자산의 수익성이 높을수록 수익/자산은 증가한다.

마지막으로 '자산/순자산'은 레버리지를 얼마나 사용하고 있는지를 의미한다. 정로댕 씨가 1억 원을 빌려 주식에 추가로 투자한다고 가정해보자. 자산과 부채가 동일하게 1억 원 증가할 것이다. 분모인 순자산은 그대로이나 분자인 자산이 증가하므로 '자산/순자산'이 증가하게 된다. 즉, 부채를 많이 사용해 자산이 늘어날수록 자산/순자산이 증가한다.

정리하면 순자산순이익률을 높이는 것은 저축을 많이 하고, 수익성을 높이고, 레버리지를 많이 사용하는 것이다. 과연 그럴까? 마지막 레버리지부터 살펴보자. 레버리지를 많이 사용할수록 순자산순이익률이 증가한다고 생각할 수 있지만, 그렇지 않다. 아무리 부채를 끌어와 투자를 해도 수익성이 받혀주지 않으면 순자산순이익률은 그대로다. 예를 들어보자. 10억 원어치 주식에서 매월 배당금으로 1,000만 원의 수익이 발생하는 상황에서 보유하고 있는 종목 외에 1억 원의 돈을 빌려 주식을 추가로 매수했다. 추가로 매수한 종목은 배당을 하지 않는다. 이런 경우 투자했지만 매월 받는 배당금은 여전히 1,000만 원이 된다.

〔그림 5-27〕의 수식에서 한번 살펴보자. 수익성과 레버리지만 놓고 볼 때 자산은 늘어나지만 수익이 늘어나지 않는 경우다. 이런 경우 순자산순이익률은 증가하지 않는다. 어차피 자산은 약분되기 때문이다. 그래서 아무리 레버리지를 사용해 투자자산을 늘려도 수익성이 개선되지 않는다면 선순환적인 재무 상태에 가속도를 붙일 수 없다.

그림 5-27 레버리지 효과

그림 5-27 레버리지 효과

그럼 수익성을 개선하면 어떨까? 정로댕 씨는 10억 원어치의 주식 중 일부를 팔아 그 돈으로 다른 주식을 샀다. 계산해보니 매월 배당금으로 1,500만 원이 들어오게 됐다. 분명 수익성을 개선한 것이다. 그런데 정로댕 씨의 순이익은 그대로다. 수익이 늘어난 만큼 저축을 늘리지 않고 지출해버렸기 때문이다.

그림 5-28 수익성 증가 효과

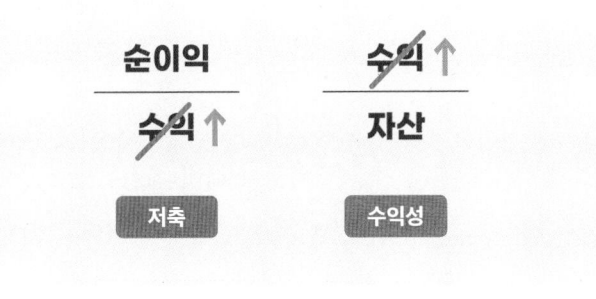

즉, 수익성이 아무리 개선돼도 순이익이 함께 늘어나지 않으면 의미가 없다. 그래서 저축이 가능한 상태에서 수익성을 개선했을 때 비로소 순자산순이익률이 증가한다. 결국 저축은 기본이다.

다음으로 저축을 살펴보자. 정로댕 씨는 매월 배당금으로 1,000만 원을 받고 있으며 거기에 더해 열심히 아끼고 모아 순이익을 늘린 경우 순이익/수익이 높아진다. 저축은 수익성과 레버리지와는 다르게 다른 부분에 영향을 미치지 않는다. 그래서 저축이 증가하면 온전히 순자산순이익률의 증가로 이어진다. 물론 자산/순자산에서 순자산을 줄이면 순자산순이익률을 개선할 수 있으나 순자산을 줄인다는 것은 선순환적인 재무 상태에 맞지 않으므로 논외로 하겠다.

저축은 다른 부분에 영향을 미치지 않으므로 상대적으로 쉽다는 의미기도 하다. 그뿐만 아니라 저축이 제대로 되지 않는 상태에서 수익성을 높이고 레버리지를 사용하는 것은 효율이 낮다. 따라서 재무 상태를 명확하게 볼 수 있고, 선순환적인 재무 상태를 가지고 있으며, 목표가 확실하다면 목표를 향해 나아가는 도구로서 가장 먼저 저축을 사용해야 한다.

다만 저축만 강조할 수 없는 것이 순이익/수익은 100%를 넘길 수 없다. 벌어들인 돈보다 많은 금액을 저축할 수는 없지 않은가. 그래서 투자가 필요하다. 투자는 수익성과 레버리지를 높이는 영역으로, 상한이 없다. 비용을 아껴 저축을 어느 정도 한다면 수익성을 높이고 레버리지를 사용해 선순환적 재무 상태에 가속도를 붙여야 한다.

· 여유 자금만 투자하기

정로댕 씨는 5개월 뒤에 갚아야 할 부채 1,000만 원이 있다. 원금과 이자를 모두 합친 금액이라고 가정하자. 그리고 현재 500만 원의 자산이 있다. 여기에 더해 매월 250만 원의 수익이 있으며 이중 100만 원은 비용으로 지출하고 나머지 150만 원이 순이익이 된다.

이것을 표로 정리하면 〔표 5-7〕과 같다. 현재를 1월 초라고 가정하면 1월 말에는 자산 500만 원에 한 달 동안 발생한 순이익 150만 원을 더해 자산이 650만 원으로 늘어난다. 이런 식으로 매월 150만 원씩 자산이 늘어난다. 그리고 5월 말에는 자산이 총 1,250만 원이 된다. 부채는 5개월 뒤인 6월 초에 갚아야 하므로 부채를 갚으면 자산 1,250만 원에서 1,000만 원을 뺀 250만 원만 남는다.

표 5-7 정로댕 씨의 월별 자산·부채·순이익

구분	1월 말	2월 말	3월 말	4월 말	5월 말	6월 초
자산	650	800	950	1,100	1,250	250
부채	1,000	1,000	1,000	1,000	1,000	0
순이익	150	150	150	150	150	0

단위 : 만 원

늦어도 5월 말에는 부채 1,000만 원만큼의 자산이 있어야 한다. 1월 초에 500만 원이 있으니 5개월 동안 500만 원을 더 모아야 한다. 매월 150만 원씩 순이익이 발생하니 매월 100만 원씩만 계좌에 저축해도 충분하며 50만 원은 여유 자금이 된다. 즉, 매월 발생하는 여유 자금 50만 원은 부채와 상관없이 마음껏 투자가 가능한 자산이다. 설령 이 돈을 모두 잃었다고 해도 부채를 갚는 데 아무런 지장이 없다. 적어도 부채를 갚기 위해 더 많은 부채를 만들어야 하는 악순환에 빠지지 않는다.

우리도 마찬가지다. 가계부를 통해 갚아야 할 돈을 미리 파악할 수 있다. 만기가 언제인지, 얼마만큼의 시간 동안 돈을 모을 수 있는지를 파악해 매월 수익에서 부채를 갚기 위해 일부를 저축한 뒤 남은 돈으로 투자를 할 수 있다.

• 감당할 수 있는 손실만큼만 투자하기

정로댕 씨는 매월 50만 원씩 5개월을 모은 250만 원보다 많이 투자하고 싶다. 그래서 1월 초 자산 500만 원 전체를 투자하기로 했다. 다만 앞으로 매월 발생하는 순이익 150만 원은 모두 투자하지 않고 저축하기로 했다. 이럴 경우 어떻게 투자를 관리하면 좋을까?

정로댕 씨가 투자한 500만 원의 가치가 꾸준히 증가한다면 문제가 되지 않는다. 손실이 나는 경우만 가정해보자. 예를 들어 1월 기준 투자한 500만 원에서 10%의 손실이 발생해 투자자산의 가치가 450만 원이 됐고, 앞으로 매월 발생할 순이익 150만 원을 모두 저축한다면 5개월 동안 총 750만 원이 된다. 이것을 모두 합치면 1,200만 원이 된다. 현재까지의 손실은 감당할 수 있을 것 같다. 부채 1,000만 원을 갚을 수 있기 때문이다.

그런데 만약 50%의 손실이 발생해 투자자산의 가치가 250만 원이 됐다면 어떨까? 마찬가지로 매월 순이익을 모두 저축했을 경우 750만 원이 되고 투자자산 250만 원과 합치면 1,000만 원이 된다. 정확히 부채 1,000만 원을 갚을 수 있는 금액이다.

50% 손실이 발생했음에도 정로댕 씨는 희망의 끈을 놓지 않았다. '언젠간 오르겠지'라는 생각으로 버티려고 했으나 오히려 손실이 확대돼 50만 원의 추가 손실이 발생했다. 그래서 투자자산의 가치가 200만 원으로 하락했다. 그럼 5개월 동안의 순이익 저축 금액 750만 원에 투자자산의 가치 200만 원을 합치면 950만 원이 된다. 이런. 부채를 갚기 위해서는 50만 원이 부족하다.

50만 원을 충당하고자 새로운 수익이 발생하지 않는다면 부채를 갚기 위해 새로운 부채를 사용해야 할 수도 있다. 정로댕 씨의 입장에서 손실 50%가 발생했을 때 투자한 자산을 손절매하고 모두 현금화했다면 앞으로 모을 순이익과 합쳐 부채 전액을 갚을 수 있었을 것이다. 즉, 정로댕 씨가 감당할 수 있는 최대 손실은 50%다. 현재 보유하고 있는 투자자산의 가치와 앞으로 모을 수 있는 돈인 순이익의 합이 갚아야 할 부채와 같아지는 순간이 감당할 수 있는 손실의 한계점이 된다.

• 두 방법을 비교해보자

여유 자금만 가지고 투자할 때는 손실에 제한을 둘 필요가 없다. 이미 부채 상환을 위한 돈이 모이고 있으므로 투자자산의 가치가 0이 돼도 부채를 갚는 데 문제가 되지 않기 때문이다. 반면 수익이 발생할 경우에는 불리하다.

먼저 정로댕 씨가 여유 자금 50만 원을 5개월 동안 매월 적금을 넣는 것처럼 총 250만 원을 투자했다고 가정해보자. 매월 수익률은 1%다. 정리하면 [표 5-8]같이 이자가 붙는다.

표 5-8 **정로댕 씨의 월별 여유 자금 투자 시 가치 변화**

구분	1월 말	2월 말	3월 말	4월 말	5월 말
1월 초 투자	50.5	51	51.5	52	52.6
2월 초 투자		50.5	51	51.5	52
3월 초 투자			50.5	51	51.5
4월초 투자				50.5	51
5월초 투자					50.5
투자 금액의 가치	50.5	101.5	153	205	257.6

단위 : 만 원

1월 초에 투자한 50만 원은 1월 말이 되면 수익 1%가 발생하므로 50만 5,000원(50만 원×1%+50만 원)이 된다. 2월 말에는 이 50만 5,000원과 2월 초 투자 금액 50만 원을 합친 금액에 대한 수익 1%가 발생하므로 101만 5,050원((50만 5,000원+50만 원)×1%+50만 5,000원+50만 원)이 된다. 이처럼 복리 방식으로 계산해 5월 말에 투자 금액의 가치를 모두 합치면 약 257만 6,000원이 된다. 여기에 투자 원금인 250만 원을 빼면 수익을 계산할 수 있다. 즉, 여유 자금으로 투자하면 약 7만 6,000원의 수익이 발생한다.

반대로 1월에 가지고 있는 자산 500만 원을 모두 투자하면 어느 정도 수익이 발생할까? 1월 초에 500만 원을 투자하면 1월 말에는 이 투자금의 1%만큼 수익이 발생하니 505만 원(500만 원×1%+500만 원)이 된다. 2월에는 다시 이 금액에 1%만큼 수익이 발생하니 510만 500원(505만 원×1%+505만 원)이 된다.

표 5-9 **정로댕 씨의 전체 자산 투자 시 월별 가치 변화**

구분	1월 말	2월 말	3월 말	4월 말	5월 말
1월 초 투자	505	510.1	515.2	520.3	525.5

단위 : 만 원

동일한 방식으로 5개월 동안 1%의 복리 수익률이 발생한다면 5월 말에는 약 525만 5,000원이 된다. 25만 5,000원의 수익을 얻은 셈이다. 앞서 여유 자금으로 투자해 얻은 7만 6,000원의 수익과 비교해했을 때 2배가 넘는 금액이다.

그렇다면 처음부터 가지고 있는 돈 전부를 투자하는 것이 좋은 방법일까? 그렇지 않다. 정로댕 씨가 가지고 있는 자산 500만 원을 한 번에 투자하는 것이 좋아 보이는 것은 수익만 봤을 때 그렇다. 수익이 많이 발생한다는 의미는 반대로 이야기하면 손실이 많이 발생할수도 있다는 의미다. 정로댕 씨가 여유 자금만 가지고 투자한 250만 원에서 10%의 손실이 발생하면 25만 원만 손해를 보지만 500만 원에서 10%의 손실이 발생하면 50만 원의 손해를 보게 된다.

또한 여유 자금만 가지고 투자했을 때는 감당할 수 있는 손실의 폭이 매우 높았다. 투자금 전부를 잃어도 부채를 갚는 데 문제가 되지 않았기 때문이다. 반면 자산 500만 원을 모두 투자했을 때는 50%의 손실까지만 감당할 수 있었다.

앞서 투자란 "돈을 잃게 될 경우를 생각해 감당할 수 있는 수준의 손실만 발생할 수 있도록 투입"하는 것이라고 했다. 2가지 투자 방법 중 정답은 없다. 그리고 내가 언급한 방법 외에도 다양한 방법으로 투자할 금액의 규모와 투자 계획을 정할 수 있다. 다만 그 초점은 수익이 아닌 손실에 있어야 한다. 수익에만 집중한다면 십중팔구 투기가 될 것이기 때문이다. 감당할 수 있는 수준 이상의 손실이 발생하고 있음에도 손절매하지 못하고 이것을 메우기 위해 새로운 부채를 사용하게 될 수도 있다.

《주식투자 절대지식》과 《추세 매매 절대지식》의 저자인 브렌트 펜폴드는 이 두 권의 책에서 투자자의 90% 이상이 돈을 잃는다고 했다. 그렇다면 돈을 버는 10% 투자자의 비밀은 무엇일까? 아이러니하게도 '가장 잘 잃는 자'라고 한다. 손실을 관리하면서 투자의 세계에서 계속 살아남는 사람이 결국 돈을 버는 것이다.

투자의 열매는 참 달콤하지만 그 열매를 따러 가는 길은 가시밭길과 같다. 한 발짝 한 발짝 디딜 때마다 바닥을 잘 살펴야 하는 것처럼 가계부를 보면서 지금 손실이 감당할 수 있는 손실인지 아닌지 자세히 살펴봐야 한다. 그리고 감당할 수 없는 수준이라고 생각되면 과감하게 손절매하고 다시 투자할 수 있도록 재무 상태를 가다듬어야 한다.

내가 감당할 수 있는 수준의 손실을 미리 파악하고 그 손실에 도달했을 때 과감하게 손절매하는 것이 가장 잘 잃는 방법이며 이 방법을 통해 악순환적인 재무 상태에 빠지지 않을 수 있다. 그렇게 한 발짝씩 내딛다 보면 여러분의 바구니가 탐스러운 열매로 가득 차 있으리라 믿어 의심치 않는다.

·투자 기록

투자로 성공한 사람들을 보고 있으면 그렇게 부러울 수가 없다.

투자의 귀재들은 자본주의라는 고속도로 위에서 쌩쌩 내달리는 슈퍼카와 같다. 어쩜 저리도 빨리 달리는지, 그들을 분석하고 공부하다 보면 나도 빠르게 달릴 수 있을 것만 같다.

그런데 실제 투자의 세계로 발을 딛기 시작하면 생각이 달라질 것이다. 예쁘게 포장돼있을 줄 알았던 투자의 길은 사실 자갈로 덮여 있는 비포장도로에 가깝다. 툭 튀어나온 곳도 있고 움푹 들어간 곳도 있어 매 순간이 조심스러울 수밖에 없고 생각보다 빠른 속도로 달릴 수도 없다.

처음 자본주의 고속도로에서 달리기 시작했다면 투자한 자산의 구성이 단순할 것이다. 시간이 지날수록 속도가 빨라지고 자산의 구성도 복잡해진다면 관리하기가 어려워진다. 자동차 모델마다 소모품 교환 주기가 다른 것처럼 자산별로도 성격이 다르기 때문이다.

따라서 가계부를 작성할 때도 자산별로 방법을 달리할 필요가 있다. 예를 들어 주식 같은 경우 하루에도 가격이 10% 이상 오르거나 떨어질 수 있다. 만약 매월 말 기준 주식의 가치만 확인하고 가계부에 적는다면 월 중간에 발생한 상황들을 파악할 수 없다. 즉, 지금 어떤 길을 달리고 있는지 제대로 파악할 수가 없는 것이다.

앞서 감당할 수 있는 손실을 정해놓고 투자에 적용하는 방법에 대해 언급했다. 그렇다면 투자한 주식을 한 달에 한 번만 살펴본다면 손실에 제대로 대응할 수 있을까? 대응할 수 없다. 변동성이 높은 자산들은 더욱 수시로 살펴보고 어떤 투자의 길을 달리고 있는지 확인해야 한다.

1. 부동산

부동산은 상대적으로 가치 변화가 급격한 자산은 아니다. 따라서 주식처럼 출렁거리는 변화는 없지만 꾸준한 추세를 보여주는 자산이다. 다만 부동산은 가지고 있는 자산의 대부분을 차지한다는 특징이 있다. 전세를 살고 있다면 전세 보증금의 비중이, 자가에 살고 있다면 살고 있는 집의 가격이 자산의 대부분을 차지할 것이다.

그래서 부동산의 가치 변화율은 크지 않더라도 금액의 변화는 매우 크다. 예를 들어 5억 원짜리 아파트를 가지고 있다고 가정해보자. 1%의 가치만 떨어져도 500만 원이 사라진다. 또한 부동산 특성상 팔고 싶을 때 팔 수 없고 사고 싶을 때 살 수 없다. 집을 팔려고 공인중개사 사무소에 내놓아도 언제 거래가 이뤄질지 알 수 없다.

부동산이라는 자산을 가지고 있다는 것은 그만큼 부동산 가치 변화에 따라 자산 가치도 크게 변할 수밖에 없다는 의미다. 그래서 주기적으로 현재 가치를 평가해 가계부에 반영하는 작업이 필요하다. 부동산은 주식과 달리 일별 변동성이 높지 않으므로 월말에 한 번씩 가격을 확인하면 좋다.

본격적으로 부동산을 가계부에 정리해보자. '보이는 가계부' 엑셀 파일의 {자산} 시트를 참고하면 된다. [표 5-10]같이 해당 부동산의 이름을 적고 해당하는 월 셀에 월말 시점의 가격을 적는다. 부

동산 가격은 '네이버 부동산', '아실', '호갱노노', 'KB부동산' 등을
통해 확인할 수 있다. 현재 나와 있는 매물 기준으로 가지고 있는 부
동산과 가장 유사한 매물의 가격을 적거나 평균적인 가격을 적어주
면 된다. 다만 한 번 기준을 정했으면 바꾸지 않는다. KB부동산 시
세를 기준으로 잡았다면 앞으로도 KB부동산 시세대로 작성해야 한
다. '원가'는 해당 부동산을 취득하면서 지출한 모든 금액을 합친 금
액이다. 만약 아파트를 구매한다고 하면 아파트 구매 금액 외에도
세금, 공인중개사 수수료, 실내 장식비 등을 모두 포함한 금액이다.
이 원가 대비 월말 시점의 가격을 비교해보자. 적어도 해당 부동산
이 원가 이상의 가치가 있어야 수익이 발생했다고 볼 수 있다. 그리
고 '투자자산' 체크란에는 해당 부동산을 투자자산으로 볼 경우에
체크하면 된다. 이렇게 {자산} 시트 작성을 완료하면 재무상태표에
도 월별로 자동으로 반영된다.

표 5-10 '보이는 가계부'의 자산 기록 예시

대분류	중분류	소분류	구분	주소	상세	원가	투자자산	1월	…
자산	비유동 자산	부동산	○○○ 아파트	○○○시 ○○○구 ○○○로	아파트 분양권	5○○, ○○○, ○○○	☐	5○○, ○○○, ○○○	…

부동산 관련 부채도 마찬가지다. 재무상태표에는 중도금 대출인
지, 주택담보대출인지 구분 없이 '부동산대출' 하나로 기록된다. 따

라서 엑셀 파일의 {부채} 시트에는 〔표 5-11〕같이 부채 내용별로 정리해보자. 어떤 대출인지, 금리는 얼마고 만기일은 언제인지 적고 '투자부채' 체크란은 해당 부채를 통해 구매한 부동산이 투자 목적인 경우 체크하면 된다. 또한 부채는 자산과 달리 매월 말 상환해야 할 잔액을 적어줘야 한다. 이렇게 {부채} 시트 작성을 완료하면 재무상태표에도 월별로 자동으로 반영된다.

표 5-11 '보이는 가계부'의 부채 기록 예시

대분류	중분류	소분류	구분	이름	상세	투자부채	1월	⋯
부채	비유동 부채	부동산 대출	분양 _중도금	○○○ 아파트	만기(202○. 01.01), 금리(5%), 중도금(50%)	□	25○, ○○○, ○○○	⋯

2. 주식, 펀드 등

주식이나 암호화폐는 매일 가치가 변하는 자산이다. 특히 주식은 휴일에는 쉬지만 암호화폐는 휴일에도 가치가 변한다. 따라서 이런 자산들은 월 단위로 한 번만 살펴보면 본인도 모르는 사이에 감당할 수 없는 손실을 보게 될 수도 있다.

주식이나 암호화폐, ETF처럼 매일 가치가 변하는 자산은 가계부와 별개로 투자 일지를 만들어 관리하는 것이 좋다. 가계부에 반영할 때는 이 일지의 월말 시점 가치만 반영하면 된다. 평소에는 투자

일지를 통해 일별 추이만 파악하다가 월말에는 가계부에 반영함으로써 전체 자산과 합산해 파악하는 것이다. 투자 일지 엑셀 파일 양식은 왼쪽의 QR 코드 또는 내 블로그(크댕부부가 사는 방법, blog.naver.com/crodin_93/223250982497)에 접속해 다운로드할 수 있다. {전체}와 {계좌별} 시트가 있으며 양식이 그리 복잡하지 않기 때문에 보면 쉽게 작성할 수 있을 것이다.

예를 들어보자. 정로댕 씨는 A회사 주식에 투자하고 있다. 이 회사의 주식을 샀을 때는 1주에 5만 원이었으나 한 달이 지난 뒤 5만 2,000원이 됐고 5만 2,000원에서 매수 시점의 주가 5만 원을 제외하면 2,000원의 수익이 발생했다. '투자수익률'은 2,000원을 5만 원으로 나눈 4%가 되며 수식으로 나타내면 다음과 같다.

투자수익률 = (현재 가치 - 직전 가치)/직전 가치

= (현재 가치/직전 가치) - 1

정로댕 씨는 A회사 주식을 더 사기로 마음먹었다. 5만 2,000원에 1주를 더 샀다. 그리고 또 한 달이 지나니 2,000원이 올라 정로댕 씨가 가진 A회사 주식 전체의 가치는 10만 8,000원(5만 4,000원×2주)이 됐다. 추가 매수 전 5만 2,000원의 주식 1주를 가지고 있는 시점과 추가 매수 후 10만 8,000원의 주식 2주를 가지고 있는 시점의 수익률을 계산하면 무려 100%가 넘는다.

투자수익률 = 10만 8,000원_{현재 가치}/5만 2,000원_{직전 가치} - 1
$$= 107.7\%$$

이때는 추가 투자로 인한 현재 가치 상승을 바로잡아줘야 한다. 현재 가치에서 증가한 투자 금액 5만 2,000원을 빼면 다음과 같다.

투자수익률 = (10만 8,000원_{현재 가치} - 5만 2,000원_{추가 투자})/

5만 2,000원_{직전 가치} - 1 = 7.7%

마찬가지로 투자한 돈을 회수한다면 회수한 돈은 현재 가치에 더해주는 방식으로 보정하면 된다. 추가 투자와 회수를 모두 반영해 수익률을 계산하는 수식은 다음과 같다.

투자수익률 = (현재 가치 - 추가 투자 + 회수)/직전 가치 - 1

이 수식을 확장하면 투자한 자산 전체의 수익률도 계산할 수 있다.

투자수익률 = (투자자산 현재 가치의 합 - 투자자산 추가 투자의 합 + 투자자산 회수의 합)/투자자산 직전 가치의 합 - 1

〔표 5-12〕는 정로댕 씨의 주식투자 일지다. 4월 5일 주식 계좌에 50만 원을 입금하고 4월 8일 50만 원을 추가로 입금했다. 그리고 4월 10일부터 본격적으로 주식을 매수해 해당 날짜부터 가지고 있는 주식 전체의 가치를 장 마감 이후 매일 정리했다.

표 5-12 정로댕 씨의 주식투자 일지

날짜	계좌 전체			일 수익률	누적 수익률
	현재 가치(원)	추가 투자(원)	회수(원)		
2023-04-05	500,000	500,000	—	0.00%	0.00%
2023-04-06	500,000	—	—	0.00%	0.00%
2023-04-07	500,000	—	—	0.00%	0.00%
2023-04-08	1,000,000	500,000	—	0.00%	0.00%
2023-04-09	1,000,000	—	—	0.00%	0.00%
2023-04-10	1,023,273	—	—	2.33%	2.33%
2023-04-11	1,035,958	—	—	1.24%	3.60%
2023-04-12	1,019,143	—	—	-1.62%	1.91%
2023-04-13	1,017,668	—	—	-0.14%	1.77%
2023-04-14	1,030,353	—	—	1.25%	3.04%
2023-04-15	1,030,353	—	—	0.00%	3.04%
2023-04-16	1,030,353	—	—	0.00%	3.04%
2023-04-17	1,030,943	—	—	0.06%	3.09%

정로댕 씨의 매일 수익률을 살펴보자. 주식투자에 대한 기록이 시

작되는 4월 5일의 투자수익률은 0%다. 다음날인 4월 6일에도 주식을 매수해 투자하지 않고 주식 계좌에 투자금을 현금으로 가지고 있었으므로 수익률은 0%(50만 원/50만 원-1)다. 마찬가지로 4월 7일에도 수익률은 0%다. 그리고 4월 8일 50만 원을 추가로 입금했으나 여전히 주식을 매수해 투자하지 않았으므로 수익률은 0%((100만 원-50만 원)/50만 원-1)가 된다.

4월 10일 드디어 주식을 매수해 투자를 시작했다. 당일 장 마감 뒤 주식 전체의 가치를 합치니 102만 원 정도다. 이날 수익률은 2.33%(123.3만 원/100만 원-1)였다. 마찬가지로 4월 17일까지 매일의 수익률을 수식대로 계산해 정리하면 〔표 5-12〕와 같다.

4월 17일까지 총 어느 정도의 수익률을 기록했는지 확인하려면 수익률을 모두 합쳐야 한다. 주식의 수익률은 기본적으로 복리기 때문에 매일의 수익률을 곱하면 된다. 다만 그냥 곱하면 안 되고 1을 더해 곱해야 하며 수식으로 나타내면 다음과 같다.

누적 투자수익률 = (1 + 직전일 누적 투자수익률) ×

(1 + 당일 투자수익률) - 1

주식투자에 대한 기록을 시작한 4월 5일의 누적 수익률을 0%라고 가정하고 매일의 누적 수익률을 수식대로 계산해 정리하면 〔표 5-12〕와 같다. 이 누적 수익률을 통해 지금까지 어느 정도 수익과 손실이 발생했는지 파악할 수 있다. 만약 손실 구간에 있다면 감당할 수 있는 손실인지도 매일 파악할 수 있다. 이 방식대로 매일의 투자 내용을 정리하면 투자 일지가 되며 가계부에는 투자 일지에 적혀 있는 매월 말 가치를 반영하면 된다.

정로댕 씨의 일별 누적 수익률을 그래프로 그려보면 [그림 5-29]와 같다. 3.09%의 수익이 발생하기까지 일별 누적 수익률의 추이를 한눈에 볼 수 있다. 투자 일지에 누적 수익률 그래프를 만들어 매일 어떻게 변하는지 살펴보는 것도 투자를 관리하는 좋은 방법이다.

그림 5-29 정로댕 씨의 누적 수익률 추이

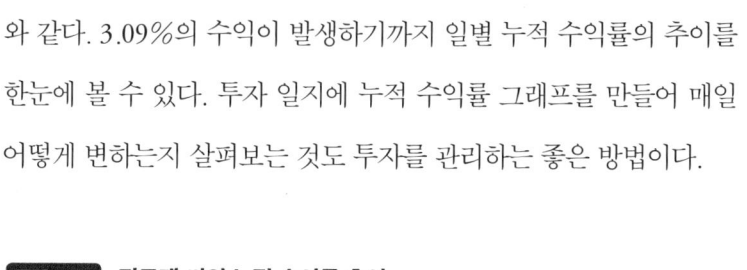

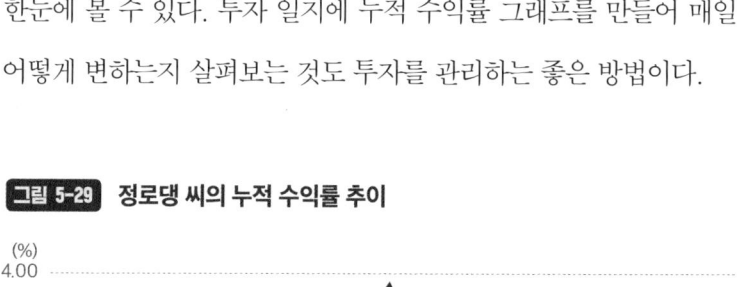

만약에 테스트

2008년 9월 15일 세계적인 규모의 미국 투자은행인 '리먼 브라더스'가 파산을 신청했다. 서브프라임 모기지 사태를 대표하는 사건으로, 전 세계적인 금융 위기를 몰고 온 일이었다. 이것의 영향으로 2008년 초 1,800대였던 코스피 지수는 같은 해 10월 900대까지 떨어졌다.

주가지수가 2008년 초 수준을 회복하기까지 2년여 시간이 걸렸다. 예상치 못했던 미국발 금융 위기의 영향으로 당시 주식을 가지고 있던 사람들 중에는 엄청난 손실을 본 사람도 있을 것이다. 그리고 그 손실을 만회하기까지는 2년 정도의 시간이 필요했고, 누군가에게는 눈물로 밤잠을 설치는 고통의 시간이었을 것이다.

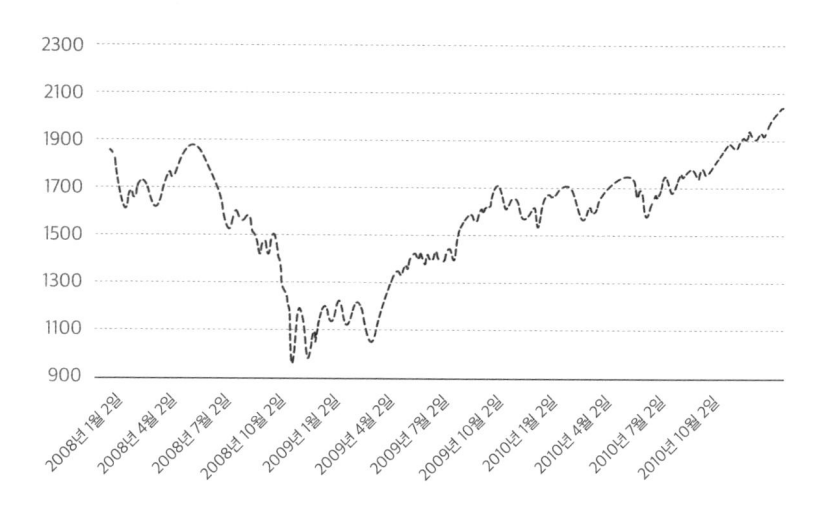

그림 5-30 2008~2010년 코스피 지수 추이

2019년과 2020년 전 세계를 지배했던 키워드는 '코로나19'다. 우리나라뿐만 아니라 전 세계가 코로나19의 영향으로 경기 침체를 맞이했고 주가도 크게 하락했다. 2019년 초 2,000대였던 코스피 지수는 2020년 3월 1,400대까지 하락했다.

하락보다 폭락이라는 표현이 잘 어울리는 시기였다. 지금이야 상황이 많이 좋아져 마스크도 자유롭게 벗을 수 있지만, 당시만 해도 모든 사람이 마스크를 쓰고 있고 코로나19 검사를 위해 길게 늘어선 줄을 보고 있자면 '이게 진짜 현실인가?' 싶은 생각이 들곤 했다.

2000년 이후 있었던 2가지 큰 경기 침체기에 대해 살펴봤다. 역사 속에는 수많은 침체기가 있었고 계속 반복된다. IMF 사태와 오일쇼크, 대공황 등 호황과 불황이 주기적으로 반복돼 현재에 이른 것이다.

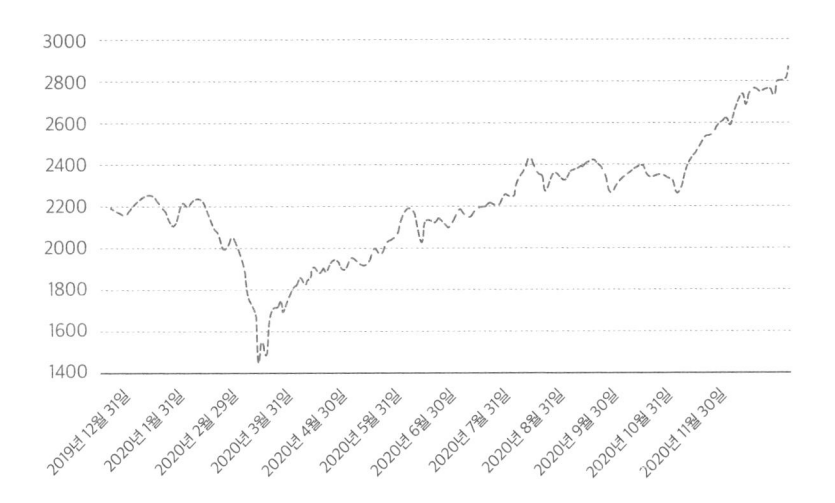

그림 5-31 2020년 코스피 지수 추이

문제는 호황과 불황을 예견한다는 것이 여간 어려운 일이 아니라는 점이다. 어느 누가 갑자기 매일 마스크를 써야 하는 일상을 보내게 될지 알았을까. 투자에서도 마찬가지다. 투자한 자산의 가치가 매번 상승만 한다면 너무 좋겠지만 반드시 하락하는 시기가 오기 마련이다. 그리고 그 시기는 아무런 예고 없이 불현듯 찾아올 수도 있다. 우리가 할 수 있는 것은 상승과 하락의 반복과 시점에 대한 명확한 예측이 아니다. 오로지 처해있는 시장 상황에서 최선을 다해 대응할 뿐이다.

그래서 사전에 특정 시장 상황에 처했을 경우 어떻게 대처하면 좋을지 계획을 세워두면 좋다. 만약 2008년 같은 금융 위기가 반복돼 발생한다면 자산이 어떻게 변할지 살펴보고 미리 대응 방안을 세우는 것이다. 이것은 극단적인 시장 상황에 처했을 때 자산의 변화를 시뮬레이션하는 것으로, 이어지는 글에서는 '만약에 테스트'라고 부르겠다.

· 시나리오 구성

2008년 미국발 금융 위기와 2019년 코로나19발 경기 침체가 대표적인 극단적 상황이다. 이 시기에 투자자산의 가치가 어떻게 변화했는지 살펴봄으로써 시나리오를 구성할 수 있다.

홍길동 씨와 정로댕 씨의 현재 투자자산은 [표 5-13]과 같다. 이 상황에서 코로나19 사태 같은 시장 충격이 있을 경우 가치가 어떻게 변할지 분석해보자.

표 5-13 **홍길동 씨와 정로댕 씨의 투자자산**

구분	국내 주식	미국 주식	합계
홍길동	1,000	0	1,000
정로댕	0	1,000	1,000

단위 : 만 원

우선 2019년 3월에서 2020년 3월까지 1년 동안 주요 지표들을 살펴보면 〔표 5-14〕와 같다. 국내 주식의 경우 33%가 하락했고 미국 주식도 15% 하락했다. 전국주택가격지수는 2% 상승하면서 상대적으로 가치를 잘 유지했다. 시장 전반에 공포가 확산되면서 안전한 자산에 대한 수요가 늘어난 것이다. 덕분에 달러 가치도 9% 상승했다.

표5-14 시나리오 주요 지표

경제지표	2019년 3월 19일	2020년 3월 19일	상승률
국내 주식(코스피)	2177.62	1457.64	-33%
달러 환율(매매기준율)	1,133.7원	1,237.8원	9%
미국 주식(S&P500)	2832.57	2409.39	-15%
전국주택가격지수(KB)	75.57	76.841	2%

출처 KRX, 한국은행, 인베스팅닷컴, KB부동산

이 지표들을 홍길동 씨와 정로댕 씨에게 그대로 적용해보자. 앞으로 1년 동안 〔표 5-14〕 지표들의 상승률만큼 자산 가치가 변한다고 가정하는 것이다. 홍길동 씨는 국내 주식만 가지고 있으니 국내 주식이 하락한 33%만큼 가치가 하락할 것이다. 정로댕 씨는 미국 주식만 가지고 있으니 15%만큼 가치가 하락할 것이다. 다만 달러 환율 상승으로 9%만큼 가치가 올라갔다. 이것을 고려해 투자자산의 가치가 어떻게 변할지 정리하면 다음과 같다.

홍길동 씨의 자산 가치

1,000만 원 $\times (1 + (-33\%_{\,주가상승률})) = 669$만 원

정로댕 씨의 자산 가치

1,000만 원 $\times (1 + (-15\%_{\,주가상승률})) \times (1 + (9\%_{\,환율\,상승률})) = 929$만 원

이 계산대로라면 코로나19 사태 같은 상황이 다시 벌어진다면 홍길동 씨와 정로댕 씨 모두 투자한 자산의 가치가 하락할 것이다. 특히 홍길동 씨는 33%의 가치가 하락해 1,000만 원의 자산이 1년 뒤에는 669만 원이 된다. 정로댕 씨도 자산 가치가 하락했으나 미국 주식의 하락 폭이 국내 주식보다 낮아 상대적으로 가치의 감소가 적다. 그뿐만 아니라 달러 환율의 상승으로 손실 일부를 만회하는 모습도 보인다.

이 시기에는 국내 주식보다 미국 주식을 가지고 있는 것이 더 유리하다. 코로나19 사태 같은 시장 상황에 대비한다면 국내 주식만 투자할 것이 아니라 미국 주식에도 투자해 위험을 분산하는 것이 현명해 보인다. 이처럼 시나리오를 정해 현재의 투자자산이 극단적인 상황에서 어떻게 변할지 파악해봄으로써 투자 아이디어를 얻고 여러 분석을 해볼 수 있다.

또한 만약에 테스트는 투자에만 국한된 분석이 아니다. 우리가 일상을 살아가기 위해서는 반드시 만약에 테스트를 하게 돼있다. 정

로댕 씨의 예를 살펴보자. 정로댕 씨는 매월 600만 원의 소득이 있고 이 중 250만 원을 비용으로 지출하고 있다. 즉, 매월 350만 원의 순이익이 발생하고 있다.

정로댕 씨는 분양가가 10억 원인 아파트를 분양받았다. 자금은 모두 대출로 충당할 것이고 대출 금리는 연 4%다. 실제 아파트를 분양받을 때는 계약금, 중도금, 잔금으로 나눠서 지불하므로 대출도 구분되지만, 편한 분석을 위해 10억 원을 한꺼번에 대출받았다고 가정하면 매년 4,000만 원이 이자비용으로 지출되고 월별로는 333만 원에 해당한다. 정로댕 씨는 매월 350만 원의 순이익이 발생하고 있으므로 감당할 수 있는 수준이다. 자산은 10억 원 증가했고 부채도 10억 원 증가했다. 달리 가지고 있는 자산이 없다면 정로댕 씨의 자산은 부동산이 전부다. 부동산 가격이 상승하면 상승하는 만큼, 하락하면 하락하는 만큼 자산의 가치가 변하게 된다.

이렇게 부동산처럼 많은 돈이 들어가는 것을 구매할 때는 재무 상태에 어떤 영향을 미치는지 분석하게 된다. 가계부를 쓰지 않더라도 10억 원이라는 큰돈이 들어가는 내 집 마련이라면 자금을 어떻게 마련하고 이자비용을 어떻게 감당할지 등에 대해 고민하는 것이다. 머릿속으로만 생각할 수도 있고 계산기로 계산할 수도 있다. 이런 과정이 일종의 만약에 테스트다.

이왕 분석을 해야 한다면 가계부를 활용하는 게 훨씬 수월하다. 정로댕 씨가 가지고 있는 미국 주식 1,000만 원어치와 함께 분석해보자. 10억 원짜리 분양권과 미국 주식 1,000만 원어치를 가지고 있는 상태에서 코로나19발 경기 침체 시나리오를 대입한다. 그리고 분양권은 전국주택가격지수만큼 상승한 것으로 가정한다.

미국 주식은 1,000만 원에서 929만 원으로 가치가 하락했고 분양권은 1년 동안 2%가 상승했으니 10억 2,000만 원이 될 것이다. 정로댕 씨가 미국 주식 1,000만 원어치와 아파트 분양권을 함께 가지고 있다면 미국 주식의 가치 하락분을 부동산의 가치 상승분이 만회할 것이다. 즉, 미국 주식이 15% 하락했지만 부동산의 가치 상승으로 정로댕 씨의 전체 자산 가치는 1.6% 증가하게 된다.

표 5-15 시나리오에 따른 정로댕 씨의 자산 가치 변화

경제지표와 자산 가치	2019년 3월 19일	2020년 3월 19일	상승률
미국 주식(S&P500)	2832.57	2409.39	-15%
전국주택가격지수(KB)	75.57	76.841	2%
달러 환율(매매기준율)	1,133.7원	1,237.8원	9%
주식 가치	1,000만 원	929만 원	
부동산 가치	10억 원	10억 2,000만 원	
합계	10억 1,000만 원	10억 2,929만 원	

출처 : KRX, 한국은행, 인베스팅닷컴, KB부동산

결국 중요한 것은 특정 자산이 '가계부 안으로 들어온 상태에서 전체 재무 상태에 어떤 영향을 미치는지'다. 가계부를 통해 자산 전

체를 고려함으로써 악순환적인 재무 상태에 빠지는 것을 미리 방지할 수 있다. 또한 만약에 테스트를 통해 자산이 어떻게 변할지 파악하고 또 어떻게 대응할지 사전에 계획을 세울 수 있다.

가계부는 태생적으로 과거를 보여준다. 그동안의 경제활동의 결과를 보여주기 때문이다. 새로운 활동을 가계부에 반영하기 전까지 가계부는 직전 과거까지의 활동만 반영한다. 그런 의미에서 만약에 테스트는 가계부를 선행적으로 만들어주는 좋은 수단이다.

만약에 테스트를 하려면 과거 금융 데이터가 필수다. 가장 쉽게 데이터를 가져올 수 있는 곳은 '한국은행 경제통계시스템(ecos.bok.or.kr)'이다. 포털사이트에서 한국은행 경제통계시스템을 검색하면 쉽게 접속할 수 있다. 우리나라의 기준 금리와 주가지수, 채권 금리뿐만 아니라 정기예금 금리와 환율, KB부동산 가격 지수까지 국내 금융 데이터 전반을 가져올 수 있는 유용한 곳이다.

국내 주식과 관련된 자세한 데이터가 필요하다면 'KRX 정보데이터시스템(data.krx.co.kr)'을 활용하면 좋다. 코스피와 코스닥 지수뿐만 아니라 다양한 지수 데이터와 개별 종목 데이터를 조회할 수 있다. 또한 ETF를 활용하면 국내 주식뿐만 아니라 원자재나 곡물같이 투자의 지평을 넓힐 수 있다. 한국거래소에 상장돼 거래되고 있는 모든 ETF의 가격 정보도 이곳에서 조회할 수 있다.

해외 주식에 투자한다면 한국은행 경제통계시스템이나 KRX 정보데이터시스템 데이터를 참고하기에 한계가 있다. '야후 파이낸스

(finance.yahoo.com)'나 '구글 파이낸스(www.google.com/finance/)', '인베스팅닷컴(kr.investing.com)'을 활용하면 해외 주식 데이터도 손쉽게 조회할 수 있다. 특히 세 사이트에서는 주식뿐만 아니라 세계 경제지표와 암호화폐 데이터까지 조회할 수 있다.

보이는 가계부 작성 방법 ⑦

{대시보드 2} 시트

{대시보드 2} 시트는 {자산} 시트와 {부채} 시트에서 '투자자산' 또는 '투자부채'로 체크한 자산과 부채에 대한 내용을 그래프로 보여준다. 맨 왼쪽 부분에는 간추린 재무 상태가 있는데, 투자자산은 {자산} 시트에서 투자자산으로 체크한 자산의 합계고 투자부채는 {부채} 시트에서 투자부채로 체크한 부채의 합계다. 투자순자산은 투자자산에서 투자부채를 뺀 값이다.

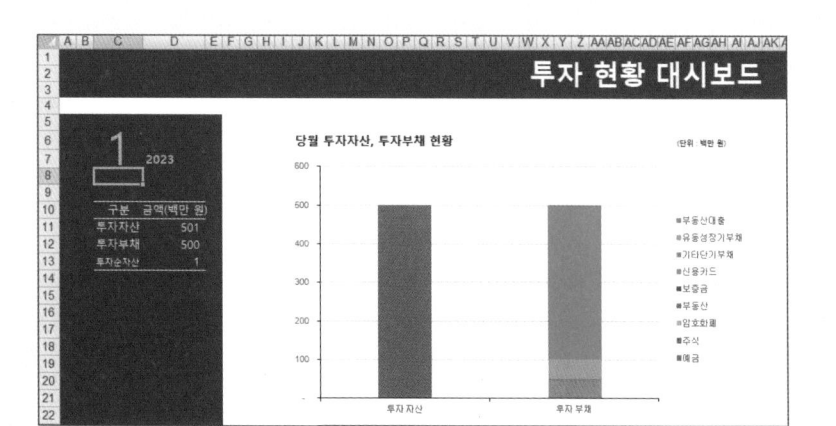

{대시보드 2} 시트에는 여러 그래프가 있는데, 각각의 그래프 이름에 맞는 자료들이므로 투자 현황을 파악하는 데 잘 활용하길 바란다. 여러 그래프 중 몇 가지만 살펴보겠다.

'투자자산, 투자부채 현황 추이' 그래프는 투자자산과 투자부채의 월별 추이를 보여준다. 투자자산과 투자부채는 막대그래프로 표현되고 투자자산에서 투자부채를 뺀 투자순자산은 영역그래프로 표현된다. 이것을 통해 투자한 자산들의 가치가 어떻게 변하는지 확인할 수 있다.

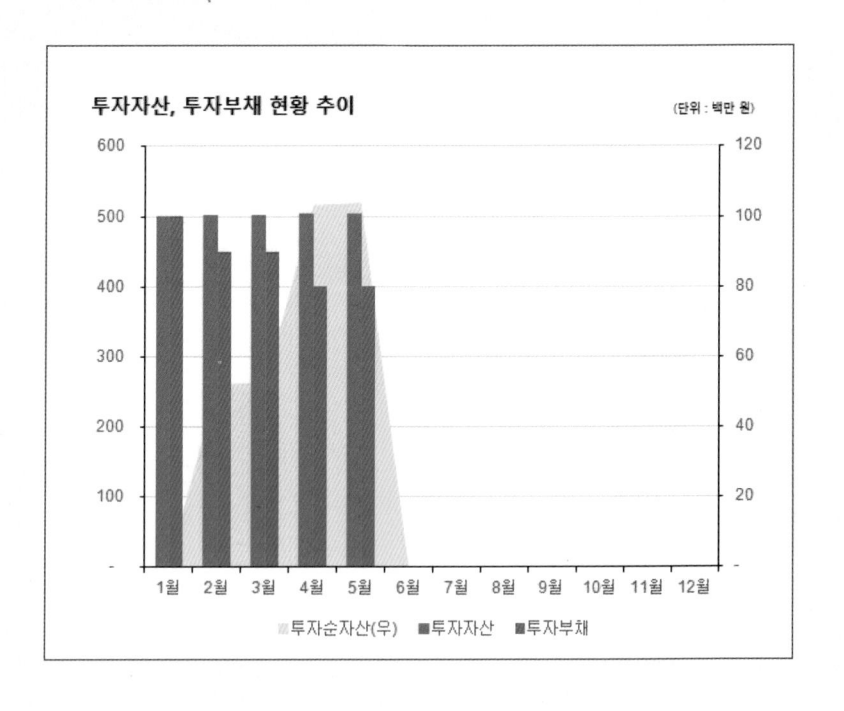

'투자비, 자본소득 월별 추이' 그래프에는 매월 발생한 투자비와 자본소득이 표시되고 '투자비, 자본소득 누적 추이' 그래프에는 투자비와 자본소득이 연초 이후 해당 월까지 합산돼 표시된다.

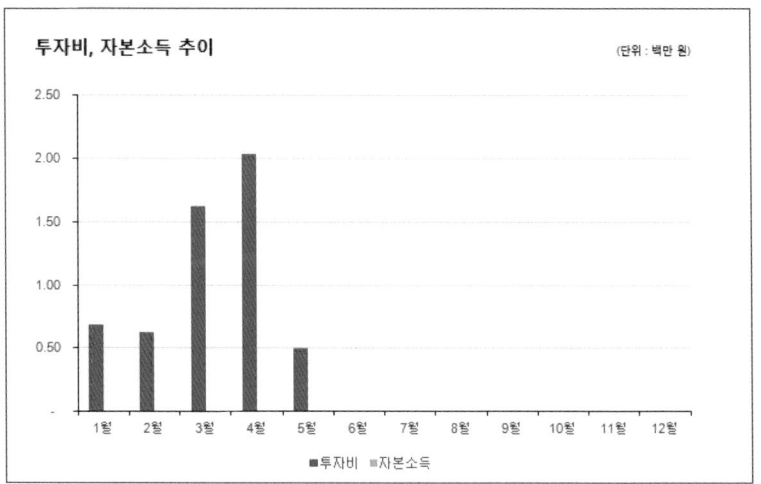

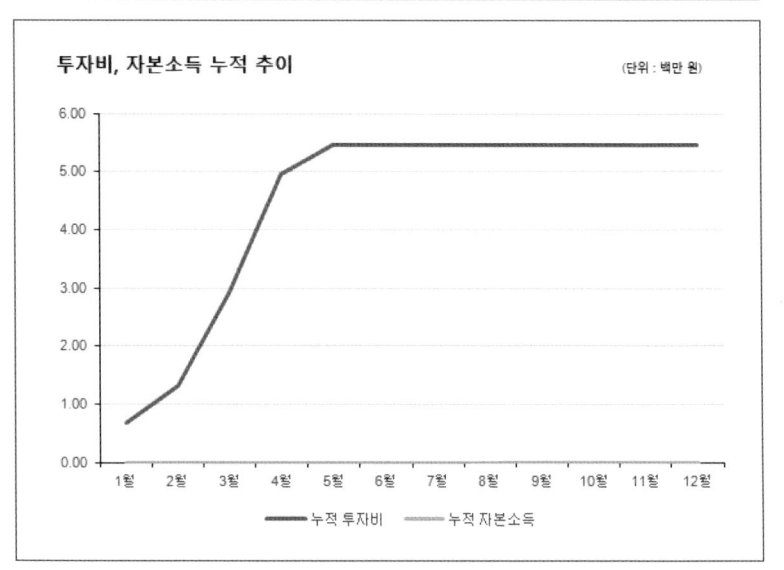

'자산 가치 증가 추이' 그래프는 투자한 자산의 가치 변화만 확인하기 위한 그래프다. 매월 발생한 자산 가치 증가는 막대그래프로, 연초 이후 해당 월까지 합산한 자산 가치 증가는 선으로 표현된다.

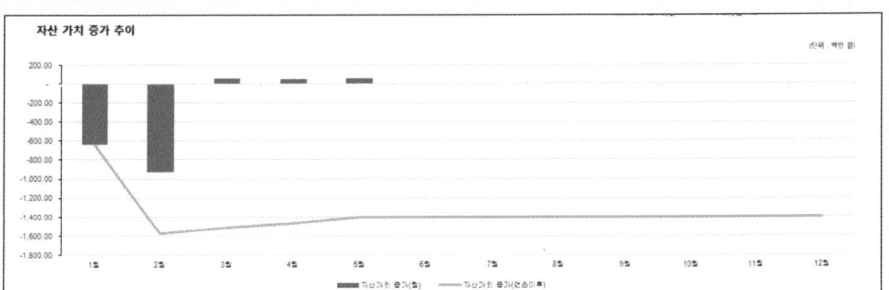

PART 6

이제 가계부를
작성해야 할 때

응원의 한마디

투자에 있어 가장 힘든 것은 첫발을 내딛는 것이 아닐까 싶다. 세상이 많이 변했다고는 하나 여전히 좋은 대학, 좋은 직장으로 이어지는 일련의 과정은 성공의 정석처럼 받아들여지고 있다. 우리 사회에서 학연과 지연이 여전히 의미 있게 다뤄지는 것이 그 증거다.

그 때문인지 투자하기 위해 공부한다는 것 자체를 신기한 시선으로 바라보는 경우가 많다. 주변에서 '그렇게 해서 돈을 얼마나 벌겠다고!' 같은 느낌을 풍기면 나도 모르게 위축되곤 한다. 그래서 선뜻 투자를 위한 무언가를 시도하기가 꺼려진다. 그만큼 투자를 한다는 것은 용기가 필요한 일이다.

그런데 본격적인 투자자가 되기 위해 열심히 공부하겠다고 마음

먹은 다음이 더 문제다. 낮에는 직장인으로서의 삶을 살아야 하기에 남는 시간은 저녁과 주말뿐이다. 그 시간도 온전히 공부를 위해 투자하기에는 힘들기 때문에 다른 시간을 희생해야 한다. 친구들을 만나는 시간이 줄어들 수도 있고 게임하는 시간이 줄어들 수도 있다. 주변에서는 이상하게 생각하기 시작할 것이다. 투자할 돈을 모으기 위해 지출을 줄이다 보면 주변에서 궁상맞다고 생각한다. 투자자로 살아남고자 발버둥 치는 일이 얼마나 외로운지 몸소 느낄 것이다.

달라질 본인을 위해 투자 공부와 자기 계발을 하겠다고 책도 읽고 강의도 듣고 특강도 듣는다. 정말 이것저것 하는 건 많은데, 막상 결과물은 미미하거나 없는 경우가 많다. 이렇게 공부하면 되는지 고민될 때도 많다. 투자자가 된다는 것은 그만큼 어렵고 외로운 길이다.

나 또한 마찬가지였다. 어떻게든 투자자로서 성장하기 위해 많은 것을 시도했고 여전히 시도하고 있지만 아직 남들에게 자랑할 만한 성과를 이뤄본 적이 없다. 세계적인 투자자인 짐 로저스Jim Rogers는 다음 같은 말을 했다.

"많은 사람이 부자가 되길 원하지만 대부분 원하기만 할 뿐 행동은 하지 않는다."

적어도 무언가를 끊임없이 시도하고 도전하는 사람이라면 앞서 가고 있다는 말을 해주고 싶다. 열심히 공부하면서 투자를 해도 단기적으로는 삶에 큰 변화가 일어나지 않는다. 그런데 신기하게도 가계부에서는 그런 변화가 보인다. 순자산이 꾸준히 증가하고 열심히 저축하고 있다고 가계부가 알려준다. 나는 가계부를 보면서 스스로를 응원한다.

'그래. 잘하고 있구나! 앞으로도 열심히 살아보자!'

설령 성과가 없어 잘하고 있는 것인가 의심이 들어도 포기하지 않고 꾸준히 노력하는 모든 사람에게 응원의 메시지를 전하고 싶다. 살아남기 위해 발버둥 치고 있는 나에게도, 그리고 여러분에게도 말이다. 가계부를 통해 스스로를 응원하면서 앞으로 나아가보자.

마지막 퍼즐

어쩌면 지금부터 다룰 내용이 이 책에서 가장 중요한 내용일지도 모르겠다. 소위 성공한 사람들의 이야기를 들어보면 진부한 내용인 경우가 많다. 어렸을 적 너무 가난해 그 가난이 싫어 열심히 공부하고 노력해 성공했다는 그런 이야기 말이다. 여러 매체에서 많이 접하는 이야기다 보니 무감각해질 수 있지만 주목해야 할 포인트가 있다.

이 사람들을 성공으로 이끈 가장 강력한 비결은 바로 '간절함'이다. 힘들고 어려운 환경에 처해있는 사람일수록 간절함이 커지기 마련이다. 그 사람들이 잠을 줄여가며 어떤 공부를 했는지, 어떤 책을 읽고 시간을 어떻게 쪼개 사용했는지보다 먼저 어떤 간절함을 가지고 행동했는지가 중요하다.

결혼하기 2년 전부터 아내가 부동산 투자에 관심을 가지기 시작했다. 그때 나는 별 관심이 없었다. 아내가 나에게 투자에 눈을 뜨도록 갖은 노력을 했으나 내가 받아들이지 못했다. 나는 간절함이 없는 사람이었다. 그러다 첫 청약에 도전했다. 경기도 아파트에 예비 당첨이 된 것이다. 예비 번호가 3자리 숫자여서 내심 안 될 것 같다고만 생각했다. 그리고 추첨 당일 나보다 앞 번호에서 계약이 끝나는 것을 보고 '그럼 그렇지'라고 생각하며 집으로 돌아왔다. 이후 그 자리에서 끝까지 기다렸던 사람들 중 나보다 뒤 번호인 사람이 계약했다는 사실을 알았다. 그 사람은 그만큼 간절했기에 성취했던 것이다.

이후에도 나는 꾸준히 청약에 도전했다. 그러다 무주택 기간을 잘못 선택해 1년 동안 청약이 불가하게 되기도 했다. 청약 세상에서 1년을 버린 셈이다. 진심으로 내가 청약이 되길 원했다면, 정말 간절하게 원했다면 그런 실수를 하지 않았을 것이다. 그 순간 나에게 간절함이 얼마나 부족했는지 깨달았다. 그리고 처음부터 공부한다는 생각으로 부동산을 비롯해 투자와 재테크 관련 책들을 읽으며 준비했다.

1년이 지난 2022년 부동산 시장이 꺾이며 청약에도 사람들의 관심이 많이 줄어들어 괜찮은 아파트들이 무순위로 넘어왔다. 덕분에 나는 수도권에 있는 아파트를 청약할 수 있게 됐다. 하지만 나의 청약 결과는 무순위 예비 번호였기에 추첨 당일 모델하우스에 가서 추첨할 수 있는 물량이 있는지 확인해야 하는 상황이었다.

마지막 기회라고 생각했기에 너무 간절했다. 가장 먼저 모델하우스에 가서 기다렸다. 다행히 잔여 물량이 있었고 추첨까지 할 수 있었다. 다만 고층은 거의 없고 중층과 저층이 많았다. 드디어 내 차례가 됐고 결과를 보는 순간 고층을 뽑았다는 것을 알고 정말 기뻤다. 간절함이 이룬 성과가 아니었을까 한다. 계약을 하면서 모델하우스 직원이 했던 말이 생각난다.

"가장 먼저 오셔서 가장 좋은 것 뽑아 가시네요. 축하드립니다."

가계부를 작성하면서도 이런 간절함이 있었으면 한다. 목표를 반영하는 것도, 재무 상태를 파악하는 것도 간절한 마음으로 하길 바란다. 그런 의미에서 나에게 가계부란 자본주의 사회에서 살아남기 위해 발버둥 치던 간절함의 결과물이다. 가계부 작성에는 정해진 답이 없다. 남에게 보여주기 위한 것이 아니기 때문이다. 그래서 본인만의 방법으로 간절함을 담기에 좋은 수단이다.

책의 서두에서 이야기한 것처럼 재무 상태를 명확하게 파악할 수 있는 가계부를 만들고 싶었다. 그리고 쓰기 편한 가계부를 만들고 싶었다. 가계부를 제대로 보기 위해 수도 없이 많은 방법으로 시행착오를 겪었다. 나에게 필요한 가계부를 만들고자 하는 간절함이 있었기에 이제는 이 가계부를 책으로 소개할 수 있게 됐다.

"무슨 재미로 사는지 모르겠다."

평소 내가 정말 많이 듣는 말이다. 사람을 만나는 것도, 술을 좋아하는 것도 아니다. 그렇다고 게임에 빠져 사는 것도 아니다. 가장 좋은 여행지는 내가 있는 집이다. 어딜 가든 이보다 편할 수가 없기에 한가한 시간을 보내기 위해 밖으로 돌아다니는 것을 좋아하지 않는다. 아마 여러분이 보기에도 나는 무슨 재미로 사는지 모르는 사람일 것 같다.

나에게 삶의 재미란 '오늘과 같지 않은 내일'이다. 자본주의 사회에서 허들을 뛰어넘고자 하는 간절함이 있기 때문이다. 개인이 자기계발을 통해 하루에 발전할 수 있는 정도는 얼마나 될까? 솔직히 아주 미미할 것이다. 그렇지만 그런 작은 발전들이 더해져 경제적 자유로 나아갈 수 있다. 반대로 말하면 열심히 쉬다가 하루 만에 그간의 휴식을 만회하는 발전은 불가능하다. 그래서 나는 아무리 작은 발전이라도 어제보다 오늘이, 오늘보다 내일이 나아지고 싶은 간절함이 있다.

언제부턴가 그 두려움들을 하나씩 이겨내면서 발전해가는 내 모습을 찾아가는 것, 그것이 삶의 즐거움이 됐다. 신기하게도 내가 발전하고 있다고 생각하면 가계부에도 숫자로 나타났다. 좁은 원룸에서의 생활은 아직 변하지 않았지만 순이익이 늘어나고 순자산이 늘어나는 모습을 가계부를 통해 발견한다. 실제 모습 속에서, 그리고 가계부 속에서 목표를 향해 올곧게 나아가는 스스로를 발견한다면 간절함은 두려움을 넘어 확신으로 변하게 될 것이다.

여러분에게도 가계부가 마찬가지의 의미를 가졌으면 한다. 자본주의 사회에서 살아남기 위한 강력한 도구로서 간절한 마음으로 가계부를 작성했으면 좋겠다. 장담하건대 간절함이 담길수록 가계부가 가지는 파괴력은 이루 말로 다할 수 없을 것이다.

같은 곳을 바라보는 힘

나는 아내와 함께 투자 관련 모임에 많이 참석한다. 참 신기한 게 모임에서 부부는 우리뿐인 경우가 대부분이다. 정확히 말하면 모든 모임에서 부부는 우리뿐이었다. 모임에 참여하는 다른 사람들은 부부가 함께 투자를 공부하면서 관심사를 공유한다는 사실을 많이 부러워한다.

주변을 살펴봐도 부부가 투자와 재테크에 관심 있는 경우가 드물다. 대개 부부 중 한 사람만 관심이 있고 다른 한 사람은 관심이 없는 경우가 많다. 가계부를 만들면서 가장 많은 조언과 도움을 준 사람은 다름 아닌 내 아내다. 우리는 같은 목표를 공유하고 있기에 어떻게 가계부를 만들면 좋을지 아내가 많은 이야기를 해줬다. 덕분에 가계부의 상당 부분은 아내의 아이디어로 채워져 있다. 만약 나 혼자서 모든 것을 하려고 했다면 훨씬 많은 시간과 노력이 필요했을 것이다.

가계부를 보고 있으면 '같은 곳을 바라보는 힘'의 강력함을 새삼 느낀다. 아내와 동일한 경제적 목표를 공유한다는 것은 강력한 조력 자가 있다는 의미다. 단순한 조력자의 역할을 넘어 시너지 효과가 발생한다.

연말이 되면 나는 아내와 함께 한 해의 목표를 정한다. 그리고 이 목표를 가계부에 반영한다. 주기적으로 아내와 함께 가계부를 보면 서 얼마를 모았는지, 자산과 부채 현황을 공유하고 목표를 향해 잘 나아가고 있는지 점검한다. 혹시 예상보다 비용이 많이 발생했다면 원인은 무엇인지 분석하고 개선하는 방법도 함께 고민한다. 이렇게 같은 곳을 향해 함께 나아가면 정말 신기하게도 목표를 향해 성큼성 큼 다가가고 있는 우리를 발견하게 된다.

그런데 우리가 처음부터 같은 목표를 공유한 것은 아니었다. 의 외로 나는 투자와 재테크에 관심이 없었다. 공부? 공부는 무슨. 집 에서 열심히 게임만 하면서 시간을 보냈다. 반면 아내는 부동산 공 부를 하기 시작했다. 나에게 여러 책을 추천해주기도 했고 강의도 함께 듣자고 제안했다. 그때마다 나는 시큰둥하게 반응했다. 책 속 의 활자도 눈에 들어오지 않았고 강의 내용도 머리에 남지 않았다. 공부를 해야 할 이유를 찾지 못했기 때문이다.

그러다 결혼을 준비하면서 나에게도 현실을 인식하는 순간이 찾아왔다. 내 앞에 놓여 있는 자본주의는 너무나도 거대한 벽으로 느껴졌다.

'신혼집은 살 수 있을까?'
'매년 1~2,000만 원은 모을 수 있겠지?'
'결혼 비용 정도는 감당할 수 있을까?'

이런저런 질문을 스스로에게 해봤을 때 한결같이 답변은 '아니오'였다. 자본주의의 벽은 거대해져만 갔다. 그렇게 내가 현실 앞에서 좌절하고 있을 때 누군가가 그 벽을 열심히 넘으려고 하는 것을 봤다. 바로 아내였다. 그 누구보다 열심히 사는 사람이 내 옆에 있었다. 당시 아내는 책을 너무 많이 읽어 자취방 한쪽에 책 더미가 생겼었다. 더미라고 표현한 이유는 책이 너무 많아 쌓아두면 자꾸 쓰러졌기 때문이다.

그때부터 나와 아내는 같은 목표를 두고 열심히 살아오고 있다. 내가 현실을 마주하고 투자 공부를 시작하기까지 1년 반의 시간이 걸렸다. 아내는 1년 반의 시간을 기다려준 것이다. 결혼하기 전이었으니 재테크에 대한 관심이라고는 쥐꼬리만큼도 없던 예비 신랑을 믿음으로 기다려준 아내에게 감사할 따름이다.

우리 부부는 10년을 사귀었지만 다른 점이 너무나도 많다. 아내는 한식을 좋아하고 나는 양식을 좋아한다. 아내는 녹차라떼나 초콜 릿라떼 같은 불투명한 음료를 좋아하고 나는 레모네이드 같은 반투 명한 음료를 좋아한다. 아내는 외향적인 성격이어서 활동적인 휴가 를 선호하고 나는 실내에서 보내는 조용한 휴가를 선호한다.

단순히 취향만 다른 것이 아니라 투자를 대하는 방법도 다르다. 아내는 부동산 투자에 관심이 많은 반면, 나는 부동산에는 관심이 없다. 대신 주식에 관심이 많다. 아내는 부동산 투자 관련 책을 많이 읽고 나는 주식투자에 참고할 만한 책을 주로 읽는다. 그러다 보니 서로가 서로의 투자 방법에 대해 잘 알지 못한다.

우리 부부는 매 주말에 임장을 간다. 임장은 아내의 영역이기에 사실 나는 관심이 없다. 임장은 매번 가도 매번 당황스럽다. 한 겨울 에는 너무 추워 손이 얼고 입이 얼어붙고 여름에는 쏟아지는 장마에 홀딱 젖은 적도 있다. 그래도 함께 가는 이유가 있다. 서로가 서로의 '라스트 찬스'기 때문이다. 전투기가 이륙하기 직전 라스트 찬스라 고 불리는 구역에서 점검을 받는다. 전투기가 이륙한 뒤 문제가 생 기지 않도록 확인할 수 있는 마지막 기회기에 라스트 찬스라고 부른 다. 아내가 투자를 검토한다면 내가 라스트 찬스가 된다. 정말 우리 의 목표 달성에 기여하는 투자인지, 혹여 놓쳤던 요소는 없는지 확 인한다. 마찬가지로 아내도 나의 투자 전략을 검토해준다.

이렇게 서로가 투자를 대하는 방법은 너무나도 다르지만 같은 목 표를 공유하고 있기에 서로의 다름을 인정하고 있다. 그리고 목표를 향해 나아가기 위해 정말 많은 대화를 한다. 어쩌면 가계부를 만들기 위해 가장 먼저 필요한 것은 가족 구성원 사이의 진솔한 대화가 아닐까 한다. 서로의 재무 상황을 투명하게 공개하고 하나의 가계부로 정리해 가족의 재무 상태를 파악했다면, 이제 본격적으로 자본주의 사회에서 달릴 준비가 끝난 것이다.

주변에서 가계부를 쓰기 어려워하는 이유를 들어보면 배우자의 비협조적인 태도를 많이 말한다. 물론 가족 전체가 합심해 하나의 가계부를 만들기가 어렵다는 것을 알고 있다. 한 번에 바꿀 수는 없다. 그동안의 생활 습관이 있을 텐데, 갑작스런 변화를 바란다면 욕심일 것이다. 충분한 시간을 가지고 천천히 나아가보면 어떨까? 마치 내 아내가 나를 기다려줬던 것처럼 말이다.

그리고 서로 다른 부분이 있다면 그 다른 부분을 존중해주자. 서로 다름을 인정할 때 함께 나아갈 목표를 정할 수 있다. 그리고 그 목표가 합심해 가계부를 작성할 이유가 된다. 부부는 하나의 팀이다. 그 팀에서 상하 관계는 없다. 서로가 수평적인 관계이므로 서로가 서로의 선생이 될 수 없다. 대신 서로가 서로의 라스트 찬스가 돼주는 것은 어떨까? 서로 똑같을 필요는 없다. 중요한 것은 같은 곳을 바라보는 것이다.

생존 신고

· 중요한 것은 생존이다

생존 편향은 현재 살아있는 것, 존재하는 것만 파악할 수 있기에 판단하는 과정에서 사라져간 것들을 배제함으로써 발생하는 편향적 사고다. 예를 들어 현재 투자할 수 있는 주식 종목들은 모두 시장에서 살아남은 기업들이다. 규모가 아무리 작아도 그동안 상장 폐지된 종목들보다는 우월한 기업들이다. 따라서 현재 상장된 주식 종목만 바라본다면 생존 편향에 빠질 수 있다.

주식으로 10억 원을 번 사람의 이야기, 부동산으로 자산이 100억 원이 된 투자자의 이야기처럼 미디어를 통해 성공한 투자자들의 이야기를 쉽게 접할 수 있는 세상이다. 하지만 투자의 세계를 떠난 훨씬 많은 사람의 이야기는 접하기 쉽지 않다. 혹시 성공한 사람들의 이야기만 보고 들으며 생존 편향에 빠져 있는 것은 아닌지 생각해보자. 그들의 이야기에 빠져 폭발적인 이익만 바라보고 있는 것은 아닐까? 투자의 성과는 위험과 비례한다. 높은 수익을 원할수록 많은 돈을 잃을 위험 또한 감내해야 한다. 그만큼 성공담 속에는 처절한 이야기가 포함돼있으며 한편으로는 투자를 포기한 수많은 사람도 있다.

생존 편향을 반대로 생각해보면 '살아남는 것' 자체에 의미가 있다. 가장 먼저 투자자로서 살아남는 것을 목표로 삼길 바란다. 그저 그런 수익률이 만족스럽지 못할 수도 있지만 90%의 투자자들이 투자의 세계에서 떠난다는 사실을 생각해본다면 상위 10%에 들어간 셈이다.

생존을 위해서는 공부가 필수다. 공부만큼 위험을 회피하는 좋은 수단은 없다. 주식에 투자한다면 주식에 대한 이해가 필요하고 부동산에 투자한다면 부동산에 대한 이해가 필요하다. 결국 투자자산에 대한 이해를 위해 공부가 필수고 공부를 함으로써 발생 가능한 위험을 파악하고 대비할 수 있다.

• 죽음의 소용돌이

시각이 퇴화한 군대개미들에게 자주 발견되는 현상 중에 '앤트밀 Ant mill'이라는 것이 있다. 거대한 원을 그리면서 빙글빙글 도는 현상으로, 멀리서 보면 마치 거대한 소용돌이 같다. 이 소용돌이는 개미들이 모두 죽을 때까지 끝나지 않기 때문에 말 그대로 '죽음의 소용돌이'라고 할 수 있다.

거대한 소용돌이는 그 둘레가 100m가 넘는다는 기록도 있다. 도대체 이 개미들은 어떤 이유에서 거대한 원을 그리며 도는 것일까? 원인은 페로몬에 있다. 개미에게 있어 페로몬은 삶의 기준이다. 페로몬을 따라 행진하고, 따라오는 개미들을 위해 페로몬을 남긴다. 개미 집단에게 전체가 나아가야 할 방향이 페로몬을 통해 정해진다.

문제는 이 페로몬 길이 꼬일 때다. 페로몬 길이 직선이 아닌 커다란 원을 그리다가 기존 페로몬 길을 관통해 통과하게 되면 원형의 페로몬 길이 만들어진다. 개미들에게 페로몬은 진리기 때문에 이 길을 따라 맹목적으로 나아간다. 지쳐 쓰러져 죽을 때까지 말이다. 아마 개미들은 지금 자신들이 가고 있는 이 페로몬 길이 거대한 원으로 끝이 없다는 사실조차 모를 것이다.

단순히 개미들만의 이야기일까? 혹시 우리도 죽음의 소용돌이 속에 갇혀 있지만 전혀 눈치 채지 못하고 있는 건 아닐까? 빙글빙글 돌아가는 앤트밀처럼 우리도 매일 똑같은 일상을 그저 반복만 하면서 경제적 자유를 꿈꾼다면 개미와 다를 바가 없다.

가장 큰 위험은 위험이 있다는 것 자체가 아니라 위험이 있다는 사실을 모르는 것이다. 자본주의 사회에서도 마찬가지다. 먼저 본인의 재무 상태를 명확히 파악해 죽음의 소용돌이에 빠져 있지는 않은지 확인해야 한다. 수익보다 비용이 많이 발생하고 있는 건 아닌지, 순자산이 계속 감소하고 있는 건 아닌지, 악순환적인 재무 상태는 아닌지 파악해야 한다.

본인의 재무 상태를 살펴보는 것이 무서울 수도 있다. 그렇지만 악순환적인 재무 상태라도 명확히 파악하는 것이 중요하다. 그리고 죽음의 소용돌이를 벗어나 살아남기 위해 열심히 알뜰하게 모으길 바란다. 어느새 여러분의 가계부가 여러분이 생존해있음을 증명하는 순간이 올 것이다.

5평 원룸, 보증금 500만 원에 월세 38만 원. 이 책의 마지막을 쓰고 있는 지금도 책을 쓰기 시작한 공간과 같은 곳에서 글을 쓰고 있다. 여전히 누군가에게 자랑할 만한 부유함은 없다. 그래도 확실히 말할 수 있는 하나는 '자본주의 사회에서 살아있다'라는 것이다.

나에게 가계부는 조금 특별하다. 내가 죽음의 소용돌이에서 벗어나 생존하고 있다는 증거기 때문이다. 생존을 넘어 언젠가는 성공의 증명이 되리라 확신한다. 지금도 나는 가계부라는 내비게이션을 보면서 자본주의라는 고속도로 위를 달리고 있다. 여러분의 가계부도 여러분의 생존의 증명이 되고 언젠가는 성공의 증명이 됐으면 한다.

월급쟁이 가계부로 재테크하라

초판 1쇄 2023년 11월 30일

지은이 정병욱
펴낸이 최경선
편집장 유승현 **편집3팀장** 김민보

책임편집 장아름
마케팅 김성현 한동우 구민지
경영지원 김민화 오나리
디자인 김보현 이은설 한사랑

펴낸곳 매경출판㈜
등록 2003년 4월 24일(No. 2-3759)
주소 (04557) 서울시 중구 충무로 2(필동1가) 매일경제 별관 2층 매경출판㈜
홈페이지 www.mkpublish.com **스마트스토어** smartstore.naver.com/mkpublish
페이스북 @maekyungpublishing **인스타그램** @mkpublishing
전화 02)2000-2611(기획편집) 02)2000-2646(마케팅) 02)2000-2606(구입 문의)
팩스 02)2000-2609 **이메일** publish@mkpublish.co.kr
인쇄 · 제본 ㈜M-print 031)8071-0961
ISBN 979-11-6484-636-8(03320)